DEPRESSIVOS SOMOS NÓS

Considerações sobre a depressão, a personalidade
e a dimensão depressiva da personalidade

RUI C. CAMPOS
Professor do Departamento de Psicologia
da Universidade de Évora

DEPRESSIVOS SOMOS NÓS
Considerações sobre a depressão, a personalidade
e a dimensão depresssiva da personalidade

ALMEDINA

DEPRESSIVOS SOMOS NÓS
Considerações sobre a depressão, a personalidade
e a dimensão depresssiva da personalidade

AUTOR
RUI C. CAMPOS

EDITOR
EDIÇÕES ALMEDINA. SA
Av. Fernão Magalhães, n.º 584, 5.º Andar
3000-174 Coimbra
Tel.: 239 851 904
Fax: 239 851 901
www.almedina.net
editora@almedina.net

PRÉ-IMPRESSÃO | IMPRESSÃO | ACABAMENTO
G.C. GRÁFICA DE COIMBRA, LDA.
Palheira – Assafarge
3001-453 Coimbra
producao@graficadecoimbra.pt

Novembro, 2009

DEPÓSITO LEGAL
302355/09

Os dados e as opiniões inseridos na presente publicação
são da exclusiva responsabilidade do(s) seu(s) autor(es).

Toda a reprodução desta obra, por fotocópia ou outro qualquer
processo, sem prévia autorização escrita do Editor, é ilícita
e passível de procedimento judicial contra o infractor.

Biblioteca Nacional de Portugal – Catalogação na Publicação

CAMPOS, Rui C.

Depressivos somos nós : considerações sobre
a depressão, a personalidade e a dimensão
depressiva da personalidade. – (Psicologia)
ISBN 978-972-40-4054-7

CDU   159.9

*Estudar a depressão meramente na sua vertente nosográfica,
enquanto conjunto de categorias perfeitamente delimitadas
parece uma opção pobre,
própria de quem vê o ser humano como uma máquina,
e a doença psíquica como
uma avaria de uma ou mais peças dessa máquina,
própria, no fundo, de quem se distancia do outro,
de quem o vê como diferente,
de quem esquece o que é próprio dos Homens e
de quem pensa que depressivos são os outros...*

AGRADECIMENTOS

Gostaria de agradecer a todos os que de forma mais ou menos directa e significativa deram um contributo para a escrita deste livro.

A diversos colegas, entre os quais, a Dr.ª Anita Vilar, a Dr.ª Isabel Teixeira, a Prof.ª Constança Biscaia, o Mestre Miguel Pimenta, o Prof. Paulo Cardoso, a Prof.ª Rosa Novo, o Prof. João Moreira, o Dr. Huprich e o Dr. Thalbourne. Também ao Prof. Sidney Blatt com quem tive o privilégio e gosto de discutir alguns tópicos teóricos pela sua gentileza, disponibilidade e simplicidade.

Quero também deixar expressa uma palavra sincera e especial de agradecimento ao Prof. Bruno Gonçalves, meu orientador de doutoramento, pela sua enorme disponibilidade e por todo o conhecimento que me transmitiu.

Também uma palavra muito especial de agradecimento ao Prof. Coimbra de Matos, meu primeiro e sempre mestre, que ajudou a construir o gosto que tenho pelo estudo da psicopatologia dinâmica, em geral, e da depressão, em particular, pelo incentivo para publicação deste livro, pela sua generosidade e amizade e ainda pela amabilidade de ter escrito o prefácio.

Aos meus alunos e pacientes, com quem muito aprendi, e que contribuíram para o que sou como professor, como psicólogo e como pessoa.

A alguns amigos, alguns deles também colegas, Paulo, Dilar, Catarina, Pedro, Marta, Isabel, Carlos, Miguel e Alexandra pelo incentivo, pelas discussões mais ou menos técnicas, pelo afecto e amizade.

Ao meu irmão, aos meus pais, que engendraram em mim a curiosidade, a vontade de saber, uma inquietação benigna constante, a necessidade de construir, de ir mais além.

A todos muito obrigado.

PREFÁCIO

Uma luz ao fundo do túnel

Muito se tem escrito sobre depressão e depressividade – a doença e a condição existencial do nosso tempo. Mas este livro – ***Depressivos somos nós***: *Considerações sobre a depressão, a personalidade e a dimensão depressiva da personalidade* – de Rui Campos, invulgar pelo rigor da investigação experimental dos traços da personalidade depressiva e pela densidade e penetrância da reflexão teórica e crítica sobre o fenómeno depressivo, lança uma visão abrangente, por um lado, e discriminante, por outro, daquilo que verdadeiramente constitui e representa ser depressivo e/ou estar deprimido, seja, a vulnerabilidade multifactorial à perda e a diversidade de causas e circunstâncias depressígenas, bem como a variabilidade dos contextos que favorecem a permanência da depressão.

Etiopatogenia, finalidade e sentido da depressão são analisados em extensão e profundidade. O autor nada esquece ou omite; tudo percorre, interroga, distingue e correlaciona. Sem perder de vista o essencial, pormenoriza quando necessário. Se busca o universal – *Depressivos Somos Nós* é o título da obra –, não descuida o particular – a depressão e a personalidade depressiva – e o específico – a "dimensão depressiva" da personalidade –, como nos avisa, isto é, avisa o leitor logo no subtítulo: *Considerações sobre a depressão, a personalidade e a dimensão depressiva da personalidade.*

Privilegiando a perspectiva dinâmica do adoecer depressivo, realça os dois tipos ou formas mais contrastantes da reacção, desenvolvimento e processo depressivos: a depressão anaclítica e a depressão introjectiva. Não deixando de mostrar que elas se entrecruzam, continuam, comunicam e dialogam; e, mais vezes, miscigenam-se – é a depressão mista, que nos pode atingir e que nos revelam os nossos pacientes no acesso inicial ao novelo depressivo.

Desenlaçando o novelo – esse conjunto sincrético – ou reconstituindo o sistema universo – produzindo a síntese (pos-analítica) dos sub-sistemas parciais e geralmente complementares –, Rui Campos, cumprindo a lógica da investigação científica (à boa maneira de Popper, falsificando hipóteses; logo, distante da doutrinação ideológica, essa, apostada em reconfirmar convicções), descreve fenomenologicamente e desenvolve conceptualmente os paradigmas da anáclise – dependência do apoio externo – e da introjecção – internalização da relação depressígena.

A depressão anaclítica está conotada e focada na dependência do objecto, é uma "toxicomania objectal"; a introjectiva, no auto-criticismo (culpa e vergonha). Na primeira, domina a angústia de separação, é uma patologia *borderline*; na segunda predomina a baixa auto-estima – este é mesmo o seu sinal/sintoma patognomónico – e trata-se da depressão vera, da estrutura depressiva da personalidade e da doença.

Na depressão mista, avaliamos o peso relativo da dimensão anaclítica e da dimensão depressiva no relevo comportamental e, sobretudo, na qualidade da experiência subjectiva (mais ansiedade ou mais dor mental; precaridade e instabilidade do objecto interno; ou consistência e constância do objecto interno; memória de reconhecimento do objecto ou memória de evocação do objecto; errância na relação objectal ou sedentarismo na relação com o objecto; irresponsabilidade/responsabilidade).

A depressão é a doença da perda. Mas na depressão anaclítica está em causa a perda de apoio, a rotura da relação de protecção; na depressão introjectiva, a perda de afecto, a rotura da relação afectiva. Na primeira, o sujeito perde o objecto; na segunda, o amor do objecto. Na depressão anaclítica o indivíduo está condenado ao desamparo, à angústia (angústia de separação – que é o sintoma-guia) e ao perigo; sofre de *helplessness*. Na depressão introjectiva está condenado à infelicidade, à dor da alma e à falta de esperança; sofre de *hopelessness*.

O depressivo anaclítico compensa-se agindo, erótica e/ou agressivamente (doença do agir); o introjectivo, sonhando (doença da contemplação). O primeiro é agitado; o segundo, inibido.

Em toda e qualquer depressão assiste-se a uma diminuição da eficácia e, mais ainda, da eficiência: pela não persistência nos propósitos (no caso do tipo anaclítico) e a desmotivação (no introjectivo).

Atravessamos uma época em que o culto da eficiência e produtividade impera. Paradoxalmente, a desumanização por um lado e a pressão social (pressão de diversos poderes) pelo outro geram um contexto desanimador, depressígeno.

Sabemos existir uma relação de causalidade – muito embora complexa e não linear – entre a pressão controladora do meio social e o vínculo afectivo ambivalente, a dor mental e a estruturação depressiva (introjectiva) da personalidade. A incidência da reacção depressiva e suicidária varia na razão directa do grau de opressão/repressão do sistema organizacional (família, empresa ou estado), assim como a prevalência da doença depressiva e da actividade auto-destrutiva aumentam com a força e persistência da opressão/repressão interna (depressão introjectiva).

Sabemos ainda que, analogamente, a negligência e indiferença afectivas promovem o sentimento de insegurança, a vinculação sócio-afectiva evitante, e, com isso, a angústia de separação (o desamparo aprendido) e a susceptibilidade à depressão anaclítica.

Todavia, a "flexibilidade" no emprego, nas relações interpessoais e nos compromissos, os objectivos irrealistas e o endeusamento da competitividade, aliados à tirania do mando, e, *last but not least*, o sofisma dos sofismas: a religião/ideologia da "auto-avaliação" e "auto-censura" [leia-se: auto-crítica, auto-criticismo, auto-acusação e auto-humilhação: direi, esclavagismo suavemente induzido (o chamado supositório com manteiga de cacau) e ingenuamente assimilado (dada a obediência cega desde o berço cultivada)] propõem o percurso patológico e patogénico da depressão.

Mas não é isso, dizem os mentores do suposto progresso. É flexibilidade + segurança; até criaram um neologismo – *flexigurança* –, quer dizer, a segurança na queda; o osso partido forma um calo. E teremos um exército de "calosos", trôpegos, idiotas sorridentes – supostamente felizes.

Porém, as liberdades essenciais e as necessidades mais prementes ficam no tinteiro das promessas jamais cumpridas (é o suplício de Tântalo) ou passam para as calendas gregas (com glorificação *post mortem* do "artista").

A pressão exercida sobre o paciente e passivamente introjectada por este é o factor etiológico *princeps* da depressão introjectiva; assim como a falta de protecção do cuidador o é na depressão anaclítica. Na primeira, como já o disse – se observa e logicamente se infere –, o sintoma patognomónico é a baixa auto-estima; na segunda, a angústia de separação.

A pressão, no trabalho, é imposta pela tal "flexibilidade"; na família, em nome da "educação" (*É para Teu Bem*, reza o título de um livro da psicanalista suiça Alice Miller dedicado ao que ela chama a "educação negra").

Solicita-se à criança a auto-crítica, tal como se convida o trabalhador à auto-avaliação – elas/eles devem ser os carrascos de si próprios, pois assim se evita ou mitiga a culpa de quem manda e educa/deseduca, bem como o salário ou o esforço para/do carrasco. E também assim se obriga a vítima a "reconhecer" – isto é, aceitar à força ou por sugestão/ /manipulação – que foi ela/ele que não cumpriu ou falhou.

Em resumo:

Todos concordam, cem por cento de votos sim, o partido único, a aldeia totalitária global. O *Triunfo dos Porcos*, como dizia Orwell. E na História a ênfase recai no sofrimento dos vencedores; o dos vencidos tende a ser silenciado.

Parafraseando o autor, "deprimidos somos nós" – se não nos levantarmos a tempo. E são horas!

Rui Campos apresenta, desenvolve e defende, num gesto de compreensão integradora, o conceito de *espectro depressivo*. É uma proposta inovadora – que nos permite sair, pela porta larga, das divergências classificatórias e das diferenciações categoriais – e uma ideia seminal – pelas sementes que lança, na alameda do percurso epistémico, para novas investigações, quer empíricas quer teóricas.

Foi por isto que dei ao meu prefácio o título de "Uma luz ao fundo do túnel". Este livro é, de facto, como um farol – que não nos diz por onde ir (isso é função da fé), mas onde há mar livre para navegar (onde se deve e pode explorar) e obstáculos a contornar(os rochedos das crenças e dos mitos – que ciência é desfazer mitos e interrogar a realidade).

Bem haja o Prof. Rui Campos por esta sua obra. Felizes aqueles que o puderem ler; e, mais ainda, entender que saber é duvidar, pôr questões e continuar sempre a mais perguntar.

Porque mestre não é o que guia, muito menos o que dita, mas aquele que ilumina, que acende a luz – o desejo de saber – do aprendiz. É uma evidência, mas nem sempre todos a descobrem.

Rui Campos teve o mérito de nos desvelar algumas evidências. Tudo está na Natureza, só é preciso revelá-la. Esse é o mister de quem escreve um livro técnico.

O autor cumpriu a sua missão. Cabe ao leitor receber os seus frutos e fruir deles: ler com atenção, prazer e vontade de ir mais longe – insistir em pensar, ter gosto na pesquisa e sonhar com um futuro possível e melhor.

Lisboa, 21 de Outubro de 2009

ANTÓNIO COIMBRA DE MATOS

INTRODUÇÃO

A depressão é talvez uma das formas mais frequentes de psicopatologia. Qualquer que seja o peso que se atribua a eventuais causas somáticas, a depressão é, essencialmente, uma patologia psíquica, uma perturbação que afecta o funcionamento psíquico – ou seja, uma perturbação que, de algum modo, afecta a personalidade. Desta forma para compreender o que é a depressão, não tanto do ponto de vista dos seus sintomas mas do ponto de vista do funcionamento interno, é indispensável tentar compreender como se articula ou se insere na personalidade.

A relação entre depressão e personalidade tem sido objecto de muitos estudos empíricos e conceptualizada de formas muito diversas. Nesta obra assumimos dois grandes pressupostos que resultam da revisão da literatura e de toda a reflexão que realizámos sobre o tema.

Em primeiro lugar, os modelos dimensionais permitem resolver, muitas das dificuldades ligadas a uma visão categorial da psicopatologia e apresentam-se como uma possibilidade muito interessante de relacionar personalidade e depressão. Estes modelos consideram a psicopatologia, nomeadamente a depressão, não como um conjunto bem definido de entidades diagnósticas com fronteiras delimitadas, mas como variações quantitativas extremas num contínuo de gravidade com a personalidade normal. Esta ideia de contínuo é central e permite uma conceptualização e avaliação da psicopatologia mais rica e abrangente. Toda a complexidade da discussão sobre a articulação entre personalidade e depressão se esclarece bastante se adoptarmos a perspectiva que defende uma variação contínua entre normal e patológico, em que não existe uma fronteira bem delimitada entre a depressão clínica e a ausência de depressão.

Há muitas formas de entender a relação entre personalidade e depressão (por exemplo, modelos etiológicos, de vulnerabilidade, patoplásticos). Mas, qualquer que seja o modelo adoptado, pode entender-se essa relação numa perspectiva de continuidade ou dimensionalidade do fenómeno psicopatológico. Aliás, a ideia de continuidade é, muitas vezes, claramente afirmada na literatura. Está presente, por exemplo, quando se considera que as perturbações da personalidade são variantes extremas dos traços de personalidade normais, num modelo de tipo espectral da relação entre personalidade e perturbação da personalidade. Também está presente nos diversos modelos dimensionais desenvolvidos especificamente para a depressão, por exemplo nos modelos interpessoais e no modelo de Clark e Watson. E ainda nos modelos etiológicos da relação entre personalidade e depressão, por exemplo nos modelos psicodinâmicos, como o de Sidney Blatt. Todos estes modelos, consideram existir uma relação de continuidade entre a personalidade pré-mórbida e a personalidade presente nos episódios depressivos.

O segundo aspecto é que apesar da personalidade depressiva ter sido descrita de várias formas e em referência a quadros conceptuais diversos, as várias descrições apresentam muitos aspectos em comum, o que sugere a possibilidade de as unificar numa perspectiva global e abrangente. Embora diferentes autores utilizem conceitos diferentes, como temperamento depressivo, carácter depressivo ou personalidade depressiva, e enfatizem características diferentes, pode de alguma forma chegar-se a um conjunto consistente de características ou traços considerados depressivos. Por outro lado, a própria conceptualização da depressão, pelo menos numa perspectiva mais psicodinâmica, acaba por ter aspectos em comum com a da personalidade depressiva. É interessante verificar que muito dos estudos sobre a depressão enquanto categoria sintomática, tipo estado, são consonantes com a literatura clínica sobre a personalidade depressiva. Provavelmente não haverá realmente diferenças entre os dois constructos, pelo menos do ponto de vista do funcionamento intra-psíquico. A diferença será apenas quantitativa, temporal neste caso, como a diferença, aliás, entre traço e sintoma depressivo também o deverá ser. Por isso, é que, quando os autores da escola psicanalítica teorizam sobre a depressão, estão também a teorizar sobre a personalidade depressiva, no fundo, sobre as características internas dos sujeitos depressivos.

Foi com base nestes pressupostos que fez sentido conceptualizar e operacionalizar o conceito *dimensão depressiva da personalidade* como uma dimensão unitária, mas ampla e estável, um contínuo composto por diferentes tipos de traços, que todos os sujeitos exibem em maior ou menor grau, traços que podem ser, simplesmente, sintomas que se cronificaram, ou características que tornam o sujeito vulnerável a estados depressivos. Entendendo o conceito de forma lata, sem o fazer corresponder a um quadro nosológico específico ou a um autor ou modelo teórico particular. E, por outro lado, concebendo a personalidade depressiva como uma dimensão normal, como um espectro, em que apenas os extremos podem corresponder a uma forma depressiva clínica ou à vulnerabilidade para apresentar uma forma de depressão clínica.

No primeiro capítulo deste livro apresentaremos algumas considerações sobre os aspectos epidemiológicos, históricos, clínicos e sociais da depressão. No capítulo II descreveremos as propostas conceptuais dos principais autores que se debruçaram sobre a temática da personalidade depressiva e discutiremos sobre o conceito de perturbação depressiva da personalidade. No capítulo III apresenta-se uma formulação crítica sobre os sistemas categoriais de classificação psicopatológica para de seguida dedicarmos o capítulo IV exclusivamente a uma discussão sobre as diversas possibilidades ou modelos teóricos que tentaram relacionar a personalidade e a depressão. O capítulo V apresenta os principais modelos dimensionais construídos para conceptualizar a depressão. No capítulo VI descrevemos, com base em todo o material teórico dos capítulos anteriores, a nossa proposta conceptual relativa à personalidade depressiva ou dimensão depressiva da personalidade e finalmente no capítulo VII apresentamos um estudo empírico que pretendeu operacionalizar e avaliar precisamente, a dimensão depressiva da personalidade como ela é aqui conceptualizada. O livro termina com um pequeno capítulo relativo a algumas conclusões.

CAPÍTULO I

Depressão: aspectos epidemiológicos, históricos, clínicos e sociais

Actualmente, a depressão é uma psicopatologia com uma elevada prevalência. É talvez uma das formas mais frequentes de psicopatologia. Segundo dados da Organização Mundial de Saúde, actualmente no mundo inteiro, mais de 120 milhões de pessoas sofrem de depressão.

A depressão "constitui uma das formas clínicas psiquiátricas mais comuns e, hoje, a de mais larga difusão em todos os povos e etnias" (Fernandes da Fonseca, 1985, p. 337). A Organização Mundial de Saúde [OMS] refere que se espera que no ano de 2020, a depressão seja a doença mais grave na população geral (Murray & Lopez, citados por McKendree--Smith, Floyd & Scogin, 2003). Por exemplo, nos EUA, 2% a 5% da população geral é afectada por depressão (Kessler *et al.*, citados por Phillips, Kierman & King, 2001) e a intervenção na depressão constitui 6% a 8% das práticas médicas gerais (Katon & Schulberg, citados por Phillips *et al.*, 2001). Em média, os deprimidos têm uma vez e meia mais custos com a saúde do que os não deprimidos (Simon, Vonkorff & Barlow, citados por Phillips *et al.*, 2001). Segundo o DSM-IV (Associação Psiquiátrica Americana [APA], 1994/1996), em amostras comunitárias, o risco de sofrer, por exemplo, de perturbação depressiva *major* em algum momento da vida tem variado entre 20 e 25% nas mulheres e entre 5 e 12% nos homens.

Estima-se que em Portugal, 650 mil adultos tomem anti-depressivos (Fernandes da Fonseca, 2001). Segundo o censo psiquiátrico de 2001 da Direcção Geral de Saúde (Bento, Carreira & Heitor, 2001), a depressão foi a segunda patologia psiquiátrica mais frequente, a seguir à esquizofrenia, com 14,9% dos casos, numa amostra de 66 instituições de saúde. Relativamente às consultas externas, foi mesmo a mais frequente, com 21,5% dos casos. Amálio *et al.* (2004) verificaram que a prevalência de depressão em cuidados primários, tendo por base a utilização de uma escala de depressão e a consulta dos processos clínicos, é de 16,9%, superior no sexo feminino (20,5%) relativamente ao sexo masculino (8,5%), sendo também mais frequente nos sujeitos com menos escolaridade. Gonçalves e Fagulha (2004) verificaram igualmente numa amostra utilizadora dos cuidados de saúde primários, mas com uma entrevista estruturada, que cerca de um em cada três utentes apresentava alguma forma de perturbação depressiva. As mulheres apresentavam um número de sintomas depressivos significativamente mais elevado do que os homens.

Os prejuízos associados à depressão são evidentes (McKendree-Smith *et al.*, 2003), nomeadamente os sociais, e não falamos apenas das formas mais graves de depressão. Segundo informações da OMS (s/ data), a depressão é actualmente uma das causas mais importantes de incapacidade. Como referem Broadhead *et al.* (citados por Gabbard, 1994//1998), os indivíduos com depressões sub-clínicas que não preenchem os critérios de diagnóstico para uma depressão *major* ou até para uma distímia, são responsáveis por "mais dias de incapacidade na comunidade do que as pessoas com depressão *major*" (p. 157). A depressão é responsável pela maioria dos suicídios (e. g. Wetzel, citado por Gilbert, 1992), e em muitos países desenvolvidos, o suicídio é uma das dez causas de morte mais frequentes, sendo nos jovens adultos do sexo masculino uma das três mais frequentes (Gilbert, 1992). Segundo a OMS, actualmente cerca de 850 mil pessoas suicidam-se todos os anos. Além disso, a depressão parece afectar o sistema imunológico e, por consequência, a capacidade de combater as doenças somáticas (Farrant & Perez, citados por Gilbert, 1992), bem como afectar significativamente a vida familiar, pelo que a depressão não só é dos problemas de saúde mental mais frequentes, como dos mais sérios. Acresce ainda, segundo Gilbert (1992), que muitas das pessoas que estão deprimidas não procuram ajuda, ou quando o fazem não são diagnosticadas como estando deprimidas e mesmo quando são diagnosticadas, muitas não são tratadas convenientemente.

Apesar da importância do problema da depressão, nem sempre é evidente do que se está a falar quando se utiliza o termo depressão. A delimitação do conceito é difícil. O conceito de depressão remete para realidades diferentes e apresenta diferentes significados em função da época histórica e do que realmente se pretende caracterizar: personalidade, quadro clínico ou tipo de afecto, por exemplo. Além do mais, pode ser entendido segundo diferentes pontos de vista, segundo diferentes escolas de pensamento, como a médica ou biológica, psicanalítica, cognitivista, comportamental, interpessoal ou sócio-cultural, entre outras. É a complexidade do fenómeno depressivo que permite esta variabilidade de significados e de formas de entendimento. O fenómeno clínico é extremamente rico, difícil de conceptualizar e pode ser visto sob diferentes ângulos e analisado em níveis conceptuais também diferentes.

Como afirma Jones (1998), quando se olha para a literatura teórica e clínica sobre a depressão encontra-se um arrazoado de termos, conceitos e categorias, como por exemplo, depressão *major* e *minor*, unipolar e bipolar, distímia, perturbação afectiva, afecto depressivo, depressão síndroma, etc. Podemos ainda referir a depressão melancólica, atípica, mascarada, dupla e os pares depressão endógena versus reactiva, neurótica versus psicótica, primária versus secundária, entre outros. Alguns autores tendem ainda a utilizar termos como depressão ansiosa, hostil, agitada, para designar quadros clínicos em que o humor depressivo se associa predominantemente com, ou é substituído por outros sintomas psicopatológicos.

Acresce, segundo Jones (1998), que a depressão pode ser conceptualizada sob diferentes perspectivas e com diferentes graus de especificidade e referida a diferentes substractos etiológicos, como *genético*, *ambiental*, *psicológico* ou *interpessoal*. Gilbert (1992) refere que é necessário entender a depressão como um fenómeno multi-causal, em que as causas se situam a vários níveis: no nível biológico, nas experiências familiares precoces, no estilo de personalidade constituído e no contexto social. A valorização de um ou outro tipo de factores causais depende da escola ou teoria de referência. Assim, na maioria das escolas psicológicas os factores genéticos são minimizados (Gilbert, 1992).

Até aos anos 70 o termo depressão remetia fundamentalmente para uma entidade psiquiátrica ou psicopatológica concreta e, segundo Blatt e Levy (1998), é a partir dessa altura que a depressão começa a ser vista não necessariamente como uma entidade psiquiátrica, mas antes como um estado afectivo disfórico, variável em intensidade, temporalidade e adaptabilidade, que pode manifestar-se num contínuo, desde formas relativamente moderadas e circunscritas no tempo, em resposta a acontecimentos de vida perturbadores, até formas graves, persistentes e fortemente desadaptativas, onde o juízo da realidade pode estar comprometido. Até aos anos 70, a investigação realizada focalizava-se, sobretudo, numa visão da depressão como uma perturbação clínica a nas suas manifestações sintomáticas e não numa visão da depressão como um conjunto de experiências internas presentes, não só nos indivíduos clinicamente deprimidos, mas também nos sujeitos normais (Blatt, D'Afflitti & Quinlan, 1976).

O termo depressão pode remeter para um ou mais quadros diagnósticos, correspondendo a conjuntos mais ou menos homogéneos de sintomas, mas também, como referimos, para um estado afectivo mais ou menos estável e mais ou menos grave, para um tipo de humor, humor depressivo, ou para um tipo de personalidade, a personalidade depressiva. Segundo Wilson (1988) a palavra depressão, dependendo da preferência do clínico, pode ser usada, alternadamente para designar um sintoma, um tipo de afecto, um tipo de humor, uma síndroma ou um estilo de carácter. Millon (1991) refere que não é claro se a depressão é mais bem conceptualizada como uma categoria diagnóstica, como um afecto (normal ou patológico, acrescentaríamos), como um atributo, como um sintoma, como um traço (ou traços) de personalidade e um conjunto de estratégias de *coping* particulares, ou ainda, como uma perturbação neuroendócrina.

De qualquer forma, num sentido genérico, o termo depressão pretende significar "inibição ou lentificação de uma ou várias funções psicofisiológicas, como por exemplo a função alimentar..., [por] perda ou abaixamento da iniciativa e da capacidade vital" (Fernandes da Fonseca, 1985, pp. 337, 338).

Dada a dificuldade em delimitar o conceito de depressão, importa fazer uma breve resenha histórica do conceito e, seguidamente, analisar com mais pormenor o seu significado na perspectiva psicanalítica, olhando nomeadamente para o trabalho de Freud, e na perspectiva médica, olhando para a evolução da classificação das diferentes formas de perturbação depressiva ao longo do século XX, terminando este capítulo com uma reflexão de cariz psicodinâmico sobre a depressão e outras patologias que lhe estão associadas na sociedade actual.

1 – Breve resenha histórica – A melancolia da antiguidade ao século XX

As descrições da depressão, ou do termo mais frequentemente utilizado para designar a depressão ao longo da história, a melancolia, remontam à antiguidade clássica. Antes disso, encontram-se referências à depressão em personagens bíblicas. Nieto (citado por Fernandes da Fon-

Capítulo 1 – Depressão: aspectos epidemiológicos, hist., clín. e sociais   21

seca, 1985) citando o livro dos Reis, refere que o rei Saul sofria de estados depressivos que atribuía ao facto de estar possuído por um espírito maligno. Para aliviar esses estados pedia a David que lhe tocasse harpa para que ele se pudesse distrair.

Mas as primeiras ideias de carácter não sobrenatural sobre a melancolia em particular, e sobre a doença mental, em geral, remontam às origens da medicina com os gregos Hipócrates (460a.C.-377a.C.) e Galeno (131-200). Estes médicos, não só delinearam as principais características da depressão, mas também apresentaram explicações para a doença. A teoria hipocrática era sobretudo de cariz psicobiológico (Gilbert, 1992). Mantinha a ideia de que existiam quatro temperamentos básicos relacionados com quatro substâncias corporais, os humores; *bílis amarela*, *bílis preta*, *sangue* e *fleuna*. A melancolia resultaria do excesso de bílis preta que afectaria a substância do cérebro (Jackson, 1986). Uma outra ideia presente na teoria dos pensadores gregos era que determinadas personalidades seriam mais vulneráveis à depressão do que outras. Era a preponderância dos diferentes humores corporais que daria origem a diferentes temperamentos, sendo que a melancolia apareceria nas pessoas com um temperamento melancólico ou de *bílis preta* (Gilbert, 1992).

A abordagem da medicina grega centrava-se no estudo do indivíduo e não, como na medicina moderna, no estudo das entidades nosográficas. Acreditava-se que diversos aspectos, como as estações do ano, as dietas e os acontecimentos do quotidiano, podiam perturbar a *bílis preta* e resultar em depressão. Por outro lado, importa referir que a depressão já era vista nesta altura como uma variação quantitativa do normal (Gilbert, 1992). A teoria humoral, melhorada posteriormente por Galeno e alguns discípulos, como teoria explicativa para a melancolia, durou até ao século XVII (Jackson, 1986).

Jackson (1986) descreve de forma muito exaustiva e completa a evolução do entendimento sobre a depressão/melancolia ao longo da história, bem como da sua descrição clínica, pelo que baseamos a nossa apresentação na sua obra.

Para Hipócrates a melancolia era uma perturbação que se associava a uma aversão à alimentação, abatimento, insónia, irritabilidade e inquietação. Também a tristeza e o medo eram considerados sintomas cardinais da melancolia. A ideia de cronicidade foi igualmente introduzida na descrição clínica. No século II, com Rufus e Galeno, a descrição clínica sofreu algumas pequenas alterações e tornou-se basicamente a descrição aceite na medicina ocidental e islâmica por quase quinze séculos. A melancolia tinha como principais características ser uma forma de loucura não febril, crónica, em que o doente estava geralmente com medo, triste, misantrópico e cansado da vida, sendo geralmente acompanhada pelos sintomas referidos anteriormente por Hipócrates, por vezes também por delírios, e por vezes ainda, por sintomas gastrointestinais.

Durante os séculos XVI e XVII surgiram diversas modificações na descrição clínica da melancolia. A tristeza e o medo passaram a ser descritos como sendo sem causa ou sem causa aparente, embora eventualmente já antes este elemento descritivo pudesse ocasionalmente ter sido referido. Também nesta altura surgem referências à culpa, umas vezes implícitas outras explícitas. Ocorreram também outras alterações descritivas no sentido de se criarem diferentes constelações de sintomas separados, diferentes entidades nosológicas. Em primeiro lugar, um padrão de sintomas hipocondríacos, que durante vários séculos estava agrupado com os sintomas de tristeza e medo, formando um dos três subtipos de melancolia, sugerido por Rufus e aceite por Galeno, foi separado da melancolia, passando a constituir a perturbação hipocondríaca e foi abandonada a ideia clássica dos três diferentes tipos de melancolia. Esta alteração foi sobretudo devida a Willis e Sydenham.

Com Boerhaave no século XVIII, a hipocondria passou a ser considerada uma perturbação moderada num contínuo de gravidade que podia conduzir à melancolia ou até à mania, que eram perturbações diferentes. A mania (constelação de sintomas com uma associação histórica e íntima com a melancolia) tinha sido classicamente considerada uma das três formas de loucura, sendo a melancolia e a *frenitite* as outras duas. A mania e a melancolia eram, muitas vezes, vistas como tendo sintomas opostos. Ao longo dos séculos, diversos autores verificaram que alguns casos de melancolia mudavam para mania e *vice versa*.

Já no século XIX, Baillarger e Falret relacionaram a mania e a melancolia considerando-as como aspectos separados de uma perturbação cíclica. No século XIX, o conceito de melancolia sofreu uma redução considerável no seu conteúdo clínico, por exemplo com Esquirol que reservou o termo para os casos mais graves. Posteriormente, a melancolia deixou de ser considerada uma forma de insanidade parcial, conceito clássico que vinha cada vez mais a ser posto em causa. Embora durante este século a melancolia continuasse a ser associada à presença de delírio, tornou-se gradualmente aceite que não era necessária a presença de delirio para se falar de melancolia. O termo melancolia sem delírio passou

Capítulo I – Depressão: aspectos epidemiológicos, hist., clín. e sociais 23

a designar um subtipo de melancolia que podia ou não transformar-se num subtipo com delírio. A ênfase era agora na perturbação afectiva como sendo o elemento central do quadro clínico, muito mais do que a perturbação do pensamento. Também a lentificação física e do pensamento, secundárias ao estado afectivo depressivo, eram cada vez mais vistas como elementos centrais da perturbação. Mesmo quando o delírio estava presente era geralmente considerado como sendo congruente com o humor, tratando-se normalmente de delírios de culpa, pobreza, doença ou niilísticos.

No século XIX tornou-se consensual que as doenças mentais em geral e a melancolia em particular eram doenças do cérebro. Enfatizaram-se os factores hereditários que se julgava conduzirem a uma *constituição nervosa* ou uma *fraqueza irritável* do sistema nervoso e que, portanto, seriam responsáveis pela predisposição da pessoa para a melancolia. Podia ocorrer uma estagnação e lentificação da circulação que fazia com que o cérebro não fosse convenientemente alimentado e portanto, se pudesse originar a doença. Mas a partir de meados do século XIX assistiu-se a uma ênfase maior numa visão *neurocêntrica* com referências a um estado problemático do sistema nervoso e a níveis irregulares de *força nervosa*. As perturbações mentais, incluindo a melancolia, resultariam de interrupções ou perturbações do processo de alimentação, estimulação e resposta do cérebro.

No final do século XIX e início do século XX, começou cada vez mais a utilizar-se o termo depressão mental como equivalente da síndroma clínica da melancolia (Gruenberg, Goldstein & Pincus, 2005), o que se deveu sobretudo a Kraepelin (1856-1926). Apesar de se começarem a utilizar como sinónimos, na realidade os termos não eram totalmente intermutáveis. Por exemplo, Freud quanto em *Luto e Melancolia* aborda a melancolia, de facto descreve sobretudo uma forma psicótica, melancólica de depressão, uma forma em que prevalecem as acusações que podem atingir um nível delirante.

No início do século XX, Kraepelin estabeleceu uma ligação mais próxima do que a já anteriormente efectuada entre depressão e mania, juntando muitos destes estados na rubrica *loucura maníaco-depressiva*. A sua descrição clínica alargada da depressão constituiu um porto de abrigo para muitos sinais e sintomas das descrições mais antigas, que no fundo nunca tinham deixado a entidade nosológica mas que não tinham de estar todos presentes no mesmo caso, como problemas no sono, perda de apetite, perda de peso, perda do interesse sexual, inquietação, irritabilidade, ansiedade, preocupações auto-depreciativas, tendências suicidas, delírios e obstipação.

No fundo todo o 'percurso' histórico que descrevemos desemboca no final do século XIX e início do século XX na sistematização de Kraepelin. Mais ou menos na mesma época surge também a concepção psicanalítica da melancolia com Freud. A tradição kraepeliniana dominou a psiquiatria da primeira metade do século XX (Jackson, 1986), e Kraepelin, juntamente com Freud (1856-1939), influenciaram os desenvolvimentos posteriores no que se refere à compreensão da depressão. Aliás, como refere Fernandes da Fonseca (1985), Kraepelin e Freud podem considerar-se dois dos maiores vultos da história da psiquiatria. Alguns autores afirmam que Kraepelin seria o estudioso da psiquiatria pesada, das psicoses e dos asilos e Freud da psiquiatria mais moderada, das neuroses e dos consultórios. Com o primeiro, a psiquiatria assume-se como disciplina autónoma da medicina, onde os dados da observação clínica assumem um destaque maior do que os dados anátomo-patológicos. Com o segundo, a história pessoal do sujeito e os factores de cariz psicológico adquirem um estatuto central para a compreensão da doença.

Para além de Kraepelin, diversos outros autores deram um contributo fundamental para a evolução das ideias psiquiátricas, nomeadamente sobre os estados afectivos patológicos, na primeira metade do século XX, como foi o caso de Adolf Meyer, contemporâneo de Kraepelin. A visão piscobiológica de Meyer influenciou a organização do DSM-I, por exemplo na utilização do termo *reacção*. Para Meyer "as doenças mentais representavam reacções da personalidade a factores psicológicos, sociais e biológicos" (APA, 2000/2002, p. XXV). Refira-se também o caso de Bleuler, que apesar de ser mais conhecido devido aos seus trabalhos sobre a esquizofrenia, também escreveu sobre a *loucura maníaco-depressiva* e sobre as reacções depressivas. Estes autores exerceram uma influência marcada nas classificações que entretanto surgiram das doenças mentais e da depressão. Saliente-se ainda, entre muitos outros, mais recentemente, dois nomes com grande impacto, Meninger e Akiskal.

As teorias biológicas continuaram a ser proeminentes no século XX na tentativa de explicar as perturbações depressivas. Uma investigação genética mais sofisticada veio reivindicar a importância dos factores hereditários em muitos casos de depressão. Estudos ao nível da bioquímica cerebral vieram sugerir que a depressão se associava com um funcionamento alterado de alguns neurotransmissores nas sinapses do sistema nervoso central. Alguns neurocientistas argumentaram contra o

Capítulo I – Depressão: aspectos epidemiológicos, hist., clín. e sociais 25

simplismo deste tipo de formulações, mas muitos parecem acreditar que as perturbações depressivas parecem ser *um grupo de perturbações neuroendocrinometabolicamente relacionadas* (Jackson, 1986, p. 390).

Mas, durante o século XX, as explicações psicológicas da depressão ganharam um lugar de relevância, graças à influência da psicanálise. Experiências perturbadas na infância com a consequente estruturação de personalidades predisponentes à depressão, o problema da perda e da baixa auto-estima e o voltar da agressividade contra o próprio, tornaram--se temas centrais (Jackson, 1986).

Assim, para além dos autores da escola psiquiátrica biológica, um forte e inegável contributo para a compreensão do fenómeno depressivo foi dado, sem dúvida, durante o século XX pela escola psicanalítica, incluindo os autores da teoria das relações de objecto (a partir de meados do século). Numa primeira fase destacam-se os contributos de Freud, Abraham, Rado e Fenichel. Mais recentemente, foram importantes os nomes de M. Klein, Fairbairn e Bibring, os nomes de Spitz, Bowlby, Jacobson, Green, Brenner e alguns teorizadores da escola francófona como Lebovici, Marty e Bergeret. De salientar também mais recentemente, os trabalhos de O. Kernberg, Sidney Blatt e Coimbra de Matos, autores dos quais falaremos mais à frente nesta apresentação teórica.

Para já, e antes de nos debruçarmos sobre a evolução da classificação das diferentes formas de depressão ao longo do século XX, apresentaremos a perspectiva psicanalítica sobre a depressão, focalizando-nos no trabalho de Freud, mas também na teoria do afecto depressão. A perspectiva freudiana foi, aliás, contemporânea das primeiras tentativas de classificação das formas depressivas no século XX.

2 – A perspectiva freudiana da depressão e a noção de afecto depressão

O célebre escrito *Luto e Melancolia* (1917/1980) constituiu a primeira tentativa mais sistemática de Freud de pensar a depressão. Note--se que cerca de 20 anos antes, em 1895, Freud enviara a Fliess uma tentativa de elaboração sobre a melancolia, mas em termos puramente neurológicos, num documento conhecido como manuscrito G. Entre 1895 e 1915, Freud raramente voltou a referir-se à melancolia. Volta a falar dela num debate sobre suicídio na Sociedade Psicanalítica de Viena em 1910, quando a compara com os estados normais de luto, mas afirmando também que desconhecia ainda os processos psicológicos em jogo.

Em *Luto e Melancolia,* Freud retoma esta última ideia, considerando haver uma semelhança apreciável entre luto e melancolia, não só ao nível dos sintomas, mas também das causas precipitantes. Freud expressa a ideia de vulnerabilidade quando refere que as mesmas influências podem produzir melancolia em vez de luto em algumas pessoas que possuiriam uma predisposição patológica. O luto não é visto por Freud, ao contrário da melancolia, como patológico. Ao nível dos sintomas, a principal diferença seria que na melancolia se verifica uma perturbação da auto-estima, uma vez que o desânimo, a perda de interesse, a perda da capacidade de amar e a inibição seriam semelhantes nas duas situações.

As duas situações seriam também semelhantes ao nível dos processos internos. Quer uma situação, quer outra, seriam uma manifestação, uma expressão afectiva ou um sintoma da perda do objecto. Mas na melancolia, ao contrário do luto, o sujeito pode até saber *quem perdeu,* mas *não sabe o que* perdeu. O objecto foi perdido enquanto objecto de amor mas o sujeito não tem verdadeira consciência desta perda. Para Freud, no luto, a perda seria consciente, enquanto que na melancolia seria inconsciente.

Freud aponta uma aparente contradição: a analogia que estabelece entre luto e melancolia leva-o a afirmar que, quer numa, quer noutra situação, há uma perda; ambas são a consequência da perda do objecto, mas na melancolia, a observação clínica permite concluir que se assiste a uma perda no ego. Na melancolia, a perda não se refere ao mundo externo mas ao próprio ego que está *empobrecido.* É uma perda de natureza *mais ideal.* Na melancolia haveria uma perda ao nível do eu, no luto, a perda seria apenas a do objecto. No luto, é o mundo externo que está *pobre e vazio,* na melancolia é o mundo interno, o ego, que está vazio e pobre. Ao longo do artigo Freud tenta apresentar uma 'solução' para esta aparente contradição.

O processo que ocorre na melancolia poderia ser descrito da seguinte forma: existe num dado momento uma escolha objectal, uma ligação libidinal a um objecto em particular, existe uma relação que é perturbada. Ora, em consequência desta perda, a libido não é reinvestida, não é retirada do objecto e deslocada para um novo objecto. O investimento libidinal mostrou-se fraco e a libido foi retirada para o ego mas não foi empregue noutro fim que não o de estabelecer uma identificação do ego ao objecto perdido. A *sombra do objecto caiu sobre o ego*, que pode passar a ser julgado como se fosse o objecto perdido. É desta forma que uma perda objectal se transforma numa perda ao nível do ego e o próprio conflito com o objecto se transforma numa actividade crítica de uma parte do ego sobre a outra parte que se identificou ao objecto. Aliás, Freud refere que apesar das inúmeras auto-acusações que o sujeito faz, se pode facilmente verificar que, com ligeiras alterações, essas acusações se podem aplicar ao objecto que o sujeito *ama* ou *deveria amar*. As recriminações que o sujeito faz a si próprio são recriminações feitas ao objecto amado que foram deslocadas para o próprio ego. Acrescenta, no entanto, que algumas delas são verdadeiras auto-acusações que se *intrometem*, de vez em quando, para *mascarar* as outras e tornar impossível a compreensão do que realmente se passa.

Na melancolia, uma parte do ego passa a agredir a outra parte, julga essa outra parte criticamente. Trata-se do *agente crítico* que se separa do ego, que Freud denomina de *consciência*. Mais tarde Freud vai considerar que esta separação pode, igualmente, ocorrer noutras circunstâncias, e vai elaborar sobre este *agente crítico,* colocando a hipótese da existência do *super-ego* em o *O ego e o id* (1923/1980).

Através da identificação com o objecto perdido, os sentimentos negativos que seriam dirigidos para o objecto são dirigidos para o próprio. Assim, a melancolia seria uma forma indirecta de punir o objecto. Em *O ego e o id*, Freud acrescenta que a introjecção da agressividade pode ser a única forma do ego abandonar o objecto e também que os pacientes melancólicos têm um super-eu severo, devido à culpa por terem agredido o objecto amado.

Na melancolia, a identificação narcísica com o objecto substitui o investimento libidinal erótico, pelo que não é necessário renunciar à relação amorosa (note-se que mais tarde, em *O ego e o id,* Freud considera esta uma das ideias mais importantes explanadas em *Luto e Melancolia*). A perda seria assim mitigada parcialmente, e a necessidade de atacar o objecto poderia simultânea e igualmente ser expressa. Freud considera que na melancolia haveria uma regressão do investimento objectal para a fase oral da libido e uma predominância narcísica na escolha objectal.

Outro aspecto importante é o da ambivalência que é trazida para a relação, ou que pode simplesmente ser reforçada pelos acontecimentos que desencadeiam a situação de melancolia, como a desconsideração ou desapontamento provocados pelo objecto. O investimento erótico do melancólico sofreu uma dupla vicissitude: uma parte regrediu na identificação e a outra parte, sob a influência do conflito, devido à ambivalência, foi transportada para a etapa do sadismo que está mais próxima do conflito. Seria esse sadismo que explicaria o suicídio em alguns melancólicos.

O ego só se pode agredir a si mesmo, 'matar-se', por se 'considerar' a si mesmo como um objecto, dirigir contra si mesmo a hostilidade relacionada com o objecto. Na regressão melancólica, apesar de o ego se *livrar* do objecto, este revela-se mais poderoso do que o ego. O ego é *dominado* pelo objecto. Acresce ainda que o melancólico sente, como dissemos antes, uma profunda perda da auto-estima, acompanhada de auto-acusação e culpa. Esta perda da auto-estima é explicada por Freud, precisamente pelo facto do sujeito voltar a raiva para si mesmo, contra o ego, pelo facto deste se ter identificado com o objecto.

Note-se então que três aspectos tipificariam, para Freud, as pré-condições da melancolia: perda do objecto, ambivalência e o mais específico segundo Freud, regressão da libido ao ego.

Por outro lado, ainda uma outra característica da melancolia, para Freud a mais notável, é a sua tendência, em muitos casos, para se transformar em mania, sendo esta última situação oposta em termos de sintomas. Freud sublinha que o conteúdo da mania em nada difere do da melancolia, ambas têm a ver com o mesmo *complexo*, mas nesta última, provavelmente o que acontece é que o *ego sucumbe*, enquanto na mania o ego *domina* o próprio complexo ou *o põe de lado*. Há uma espécie de *triunfo* do ego, mas aquilo que o ego domina ou aquilo sobre o qual triunfou é, da mesma forma do que na melancolia, desconhecido, *oculto* para o sujeito. O que Freud postula como sendo plausível ocorrer na mania é a libertação do sujeito do objecto que lhe causou sofrimento, procurando novos *investimentos objectais*. É como se o ego tivesse *superado a perda do objecto* e, consequentemente, toda a quantidade de *contra-investimento* que o sofrimento melancólico tinha atraído e vinculado em si vindo do ego se tornasse *disponível*. Claro que esta explicação coloca a Freud, como ele próprio reconhece, *novos problemas e dúvidas*, às quais acaba por não dar resposta definitiva no escrito em questão, nomeadamente o facto de também no luto normal o sujeito superar a perda do objecto e também, enquanto a situação persiste *absorver toda a energia do ego*, mas no final do seu curso não haver indícios de uma condição económica necessária a uma fase de *triunfo*, como se poderia pensar. Talvez no trabalho do luto o processo de *rompimento* com o objecto seja tão *lento e gradual* que quando concluído, a energia necessária ao processo se tenha já *dissipado*.

Coimbra de Matos (2002a) descreve resumidamente muito bem, em nossa opinião, num texto breve e denso, as duas principais ideias da perspectiva esboçada em *Luto e Melancolia*. No luto predomina a saudade

Capítulo I – Depressão: aspectos epidemiológicos, hist., clín. e sociais   29

consciente da boa relação que foi perdida, na melancolia, a raiva contra o objecto perdido que reflui sobre o próprio. Na depressão (melancolia) há ainda a considerar o recalcamento do que a motivou, levando à não consciência da perda.

Muitos dos aspectos mais importantes para a compreensão do processo interno depressivo parecem encontrar-se já em *Luto e Melancolia*, pelo que muito do que foi escrito mais tarde sobre a depressão, por diversos autores, aparece como uma reformulação, um completamento e um refinar das ideias de Freud.

Mas na escola psicanalítica, a depressão tem sido também caracterizada pela alteração do afecto, o *afecto depressão*, ou a depressão enquanto sintoma. Para alguns autores, o entendimento da depressão na escola psicanalítica depende da teoria do afecto (Jones, 1998), sendo que uma das mais importantes conceptualizações modernas sobre a depressão enquanto afecto, uma extensão do modelo da *ansiedade-sinal* de Freud, é a visão de Brenner (1974, 1982).

Afastando-se claramente de posições anteriores, Brenner (1974) afirma que a presença de afecto depressivo nada implica sobre a sua génese, no sentido do nível oral ou não desse afecto, e que este pode ser acompanhado por diferentes tipos de conteúdo ideativo (pensamentos e fantasias), ou seja, que a presença do afecto disfórico não implica um conteúdo fantasmático específico. A depressão seria uma resposta à recordação, por vezes inconsciente, de um *desastre* na infância, e à fantasia ou convicção, também inconsciente, de que um *desastre* semelhante ocorreu no presente. Embora possa ser uma categoria sintomática útil, não o seria enquanto categoria diagnóstica.

Distinguir-se-ia o afecto depressivo do afecto ansioso no sentido em que o afecto depressivo teria um conteúdo ideacional (para Brenner todo o afecto tem intrínseco um conteúdo ideativo) relativo a uma calamidade que existe no presente, (uma resposta a um desastre que já ocorreu) enquanto o afecto ansioso teria um conteúdo ideacional relativo a uma calamidade que pode ocorrer no futuro (Brenner, citado por Jones 1998). Mas ambos os afectos são desprazerosos, associados à frustração e à solidão. A concepção de Freud apresentada em *Inibição, sintoma e angústia* (1925/1980) da ansiedade-sinal seria aplicável ao afecto depressivo. Este afecto funcionaria como um sinal de que algo de negativo ocorreu. Ambos os tipos de afecto, o depressivo e o ansioso, teriam uma função de sinal, pelo que seriam, segundo Brenner (citado por Wilson, 1988), blocos fundamentais da construção da experiência humana. Ambos os tipos de afecto resultariam de experiências relacionais precoces, mas no caso da ansiedade, a função é de sinalizar que algo de negativo pode ocorrer, enquanto que na depressão, a função é de sinalizar que algo de negativo já ocorreu (Wilson, 1988).

A ansiedade é o afecto produzido pela ameaça de perda ou insegurança, é o medo, enquanto a depressão vem na sequência da perda ou solidão efectivamente ocorridas; a primeira teria a ver com a ameaça de um desastre e a segunda com a concretização desse desastre (Coimbra de Matos, 2002a). Uma e outra podem atingir apenas o nível de sinal, o que desencadeia mecanismos de adaptação, ou então levar à regressão do eu e da libido. Esta distinção remete para a diferenciação de Freud entre *ansiedade sinal* ou secundária e *ansiedade traumática* ou primária. Para Coimbra de Matos (2000a), a *depressão normal* estaria associada sobretudo à ansiedade secundária, ligando-se a uma diminuição transitória da auto-estima devido a perdas sofridas, funcionando como um sinal para necessidade de investir novos objectos. Na doença depressiva propriamente dita prevaleceria a ansiedade traumática, assistindo-se a uma regressão do eu em virtude de uma relação de objecto em que predomina a ambivalência e a incerteza.

Coimbra de Matos (1987) acrescenta ainda um pouco mais à distinção entre ansiedade e depressão, afirmando que podem originar-se por uma causalidade psíquica diversa, a primeira dependendo da dúvida em relação à resposta do objecto interno ou externo, a segunda da certeza da resposta negativa. No fundo ansioso depara-se uma expectativa de risco, no fundo depressivo, uma expectativa pessimista. No depressivo há sempre uma defesa a interferir, a interpor-se, no ansioso, um desejo (com o medo) a manifestar-se. A ansiedade corresponde à expansão medrosa da libido e a depressão à retracção libidinal. Ambos os afectos-sintomas são decorrentes do sofrimento que acarreta o conflito id-super-eu, ou eu-super-eu, indicando a ansiedade o afloramento do desejo individual e a depressão o esmagamento desse desejo. Mas estes dois afectos sintomáticos não só se alternam, como podem coexistir, porque o conflito intra-psíquico é uma realidade dinâmica. Quando o desenrolar do conflito tende para o assumir do eu dos direitos e desejos do id, aumenta a ansiedade e quando o eu flecte sobre a imposição do Super-eu, cresce a depressão.

Mas apesar da função de sinal poder ser característica das formas depressivas introjectivas ou de culpa, é pouco provável que o afecto depressivo anaclítico tenha idêntica função (Wilson, 1988). Wilson (1988) afirma que o sinal de que algo de mau aconteceu presume que exista a capacidade de discriminar o bom do mau, bem como motivação para rectificar o que está mal. Só a depressão introjectiva permite esta actividade ideativa sofisticada. A função do afecto anaclítico seria antes marcar um falha na actividade auto-regulatória, consequente a falhas precoces na relação mãe-bebé, uma falta de sincronização básica na relação. A função teria a ver com marcar uma falha na regulação da relação precoce, mais do que com um sinal de perigo.

Outros contributos para a teoria do afecto foram trazidos por outros autores da escola das relações de objecto, como Blatt (1974, 2004), Kernberg (1988) ou Sandler e Sandler (1978), que enfatizaram as perturbações nas representações objectais e os esforços mantidos pelo sujeito para manter contacto com os objectos. As representações mentais do self e do objecto seriam fundamentais para gerar e regular os estados afectivos (Jones, 1998).

Além de conceptualizar a depressão enquanto afecto, é possível considerá-la simultaneamente e não de forma contraditória, como uma síndroma. Coelho (2004) vai para além da perspectiva do *afecto depressão*, conceptualizando de forma dupla o termo depressão, enquanto afecto, o *afecto depressão*, e enquanto síndroma, a *síndroma depressão*, no sentido de um conjunto de experiências psíquicas típicas. Segundo este autor, o modelo de Freud sobre o conceito de angústia seria pertinente para pensar a depressão afecto, enquanto o modelo apresentado em *Luto e Melancolia* seria pertinente para pensar a depressão enquanto síndroma. Coelho (2004) concebe a depressão como uma resposta que designa de *hiper-normal*, seria a resposta possível, desadaptativa mas possível, face à perda emocional, não à perda real do objecto, numa posição que se aproxima da de Coimbra de Matos que apresentaremos no capítulo V.

Paralelamente à evolução do pensamento psicanalítico sobre a depressão, ocorreu ao longo do século XX uma evolução da classificação das diferentes formas de depressão, que passaremos a apresentar.

3 – A classificação das diferentes formas de depressão ao longo do século XX

A classificação moderna das síndromas depressivas foi muito marcada pela sistematização de Kraepelin. Durante o século XX assistiu-se, no entanto, a uma complexa evolução das formas de classificação que viria a reflectir-se, nomeadamente, nas sucessivas edições do Manual de Diagnóstico e Estatística das Perturbações Mentais da Associação Psiquiátrica Americana (DSM).

Ao longo de todo o século, a heterogeneidade da síndroma depressiva trouxe dificuldades à psiquiatria (Gruenberg *et al.*, 2005), sendo evidente a influência do contexto histórico nas polémicas nosográficas (Bucher, 1977/1979). Gilbert (1992) afirma que talvez seja por se explorar um número muito pequeno de sintomas que se torna difícil classificar as síndromas depressivas, nomeadamente por não se considerarem sintomas que reflictam processos psíquicos perturbados, resultantes do estado alterado de humor. Mas também a questão do poder é importante. Gilbert (1992) afirma que o debate em torno da melhor forma de classificar traz consigo motivações "escondidas sobre quem faz o quê, a quem, como é que os programas preventivos deverão ser organizados e como é que os recursos e o poder são atribuídos" (p. 10). E refere também que a definição dos problemas delimita fronteiras e áreas periciais. Se a perturbação psiquiátrica "é definida como uma doença do corpo, então requer conhecimento especializado dos processos biológicos para a tratar e remover/alterar" (p. 10).

Kraepelin dividiu as doenças mentais em dois grandes grupos, as *perturbações do pensamento* e as *perturbações do humor* (Goldstein & Anthony, 1988). O manual em que apresenta a sua sistematização nosográfica foi publicado pela primeira vez em 1893, tendo havido posteriormente várias reedições, já durante o século XX. Foi na edição de 1896 que Kraepelin distinguiu a demência precoce (a esquizofrenia) da psicose maníaco-depressiva.

Tudo o que hoje chamamos depressão estava incluído na classe *loucura maníaco-depressiva*, dentro das perturbações do humor. A visão da depressão era claramente endógena (Goldstein & Anthony, 1988) e supunha uma etiologia orgânica. Mas na oitava edição do seu manual, publicado em 1925, Kraepelin reconhece a existência de *depressões psicogénicas* e sugere uma divisão entre estas e as depressões orgânicas. Segundo Goldstein e Anthony, este facto foi influenciado pelos trabalhos de Freud que descrevemos anteriormente e pelo movimento psicanalítico. Os clínicos que se seguiram a Freud começaram cada vez mais a dar importância às causas não orgânicas da depressão. No final dos anos 20 existia claramente uma separação da comunidade psiquiátrica em duas escolas, *naturalista* e *educacionista* (Goldstein & Anthony, 1988, p. 187), ou seja, uma escola que considerava que os aspectos biológicos eram

Capítulo I – Depressão: aspectos epidemiológicos, hist., clín. e sociais   33

fundamentais na etiologia da depressão, e outra, pelo contrário, que valorizava os aspectos do meio.

O trabalho de Kraepelin não foi isento de críticas. Aliás, a ideia kraepeliniana de separar as perturbações mentais em diferentes categorias tinha já sido, algumas décadas antes, negada por Griesinger e Zeller, que afirmavam que a doença mental era um fenómeno unitário, embora podendo ter diferentes manifestações. Também Menninger, muito mais tarde, apresenta a mesma crítica (Gilbert, 1992), numa visão unicista da patologia. Mesmo durante a vida de Kraepelin, muitos não aceitaram o seu sistema classificatório. Hoche, por exemplo, argumentava que não era evidente que as entidades kraepelinianas, bem delimitadas e bem definidas, existissem realmente em formas puras (Gilbert, 1992). Trata-se talvez dos primeiros críticos dos modelos categoriais da psicopatologia.

Foi em 1935, que a Associação Psiquiátrica Americana (APA) desenvolveu um primeiro sistema classificatório oficial, baseado sobretudo nos trabalhos de Kraepelin, submetendo o sistema à Associação Médica Americana, para inclusão na sua classificação. Diversas limitações do sistema tornaram-se aparentes quando se tentou utilizá-lo no tratamento de soldados da segunda guerra. Devido a estes problemas, os hospitais militares e os hospitais de veteranos desenvolveram sistemas de classificação diferentes, o que muitas vezes criava problemas de comunicação (Blatt & Levy, 1998). Contemporaneamente, em 1948, a Organização Mundial de Saúde (OMS) publica a 6ª edição da Classificação Internacional de Doenças (CID), a CID-6 que, pela primeira vez, inclui uma secção dedicada às perturbações mentais.

Em 1952, a APA publica o DSM-I que constitui, por assim dizer, uma variante da CID-6, para estandardizar os sistemas de diagnóstico utilizados, à época, nos Estados Unidos (Blatt & Levy, 1998). Esta primeira edição do DSM continha 108 categorias e um glossário que descrevia as diversas categorias diagnósticas, baseado na visão piscobiológica de Adolf Meyer, nomeadamente, como já se disse, na utilização do conceito de reacção.

As versões iniciais do DSM foram também claramente influenciadas pela visão psicanalítica. Esta influência era especialmente aparente no facto do DSM-I classificar a reacção depressiva (neurótica) como uma psiconeurose e o subtipo depressivo da personalidade ciclotímica como uma perturbação da personalidade (Ryder, Bagby & Schuller, 2002) – (veja-se o Quadro 1).

Quadro 1: Evolução, do DSM-I ao DSM-IV, dos principais quadros nosológicos relacionados com perturbações afectivas ou do humor e respectiva secção psicopatológica

Quadro nosológico	Secção psicopatológica
DSM-I	
reacção depressiva neurótica	psiconeuroses
subtipo depressivo da personalidade ciclotímica	perturbações da personalidade
reacção maníaco-depressiva reacção depressiva psicótica	} perturbações psicóticas, reacções afectivas
reacção depressiva involutiva	perturbações psicóticas
DSM-II	
neurose depressiva / depressão neurótica	psiconeuroses
subtipo depressivo da personalidade ciclotímica	perturbações da personalidade
melancolia involutiva doença maníaco-depressiva	} psicoses, psicoses afectivas
depressão psicótica	psicoses, outras psicoses
DSM-III	
depressão *major* perturbação bipolar	} perturbações afectivas, perturbações afectivas *major*
distímia ciclotímia	} perturbações afectivas, outras perturbações afectivas específicas
depressão atípica perturbação bipolar atípica	} perturbações afectivas, perturbações afectivas atípicas
DSM-III-R	
depressão *major* distímia perturbação depressiva sem outra especificação	} perturbações do humor, perturbações depressivas
perturbação bipolar ciclotímia perturbação bipolar sem outra especificação	} perturbações do humor, perturbações bipolares

DSM-IV	
depressão *major* distímia perturbação depressiva sem outra especificação	perturbações do humor, perturbações depressivas
perturbação bipolar I perturbação bipolar II ciclotímia perturbação bipolar sem outra especificação	perturbações do humor, perturbações bipolares

O DSM-II, publicado em 1968, foi constituído com base na CID-8 que, por sua vez surge devido ao descontentamento e falta de aceitação internacional da CID-7 (Gruenberg *et al.*, 2005). Esta segunda edição do DSM mantinha a distinção entre perturbações neuróticas de psicóticas e continha 182 categorias. Como referem Blatt e Levy (1998), à excepção da descrição das neuroses, fortemente influenciada pela teoria psicanalítica, o manual não fornecia um referencial teórico para explicar as diferentes perturbações. As descrições das diferentes patologias eram baseadas na apreciação de comités de peritos. O DSM-II eliminou o termo reacção, encorajou os clínicos a realizar diagnósticos múltiplos, incorporou conceitos de co-morbilidade e de perturbação secundária a outra perturbação (Gruenberg *et al.*, 2005).

O DSM-II propôs uma nova designação para o termo reacção depressiva: neurose depressiva ou depressão neurótica. O que se verificou foi que o uso clínico favoreceu este termo, em detrimento de outros (Ryder *et al.*, 2002). As modificações relativamente ao DSM-I foram apenas de organização (Goldstein & Anthony, 1988) – (veja-se o Quadro 1). De salientar que o termo depressão neurótica é normalmente utilizado, por oposição ao termo depressão endógena, para designar um tipo de depressão moderado, com origem psicogénica ou reactiva, podendo caber na estrutura neurótica da personalidade (Goldstein & Anthony, 1988; veja-se também Chodoff, 1972). Para além dos mecanismos defensivos habituais das neuroses, o recalcamento e a regressão, o mecanismo por excelência na neurose depressiva seria o voltar da agressividade contra o próprio (Goldstein & Anthony, 1988).

Devido às dificuldades de precisão inter-cotadores do DSM-II e também ao descontentamento com a abordagem psicanalítica das neuroses, a APA pensou em desenvolver um sistema com uma maior base empírica, o que originou a terceira edição do DSM, o DSM-III publicado em 1980. Como referem Blatt e Levy (1998), esta versão continha um sistema de classificação multiaxial, teoricamente neutro, com 265 categorias. Os conceitos de validade e precisão da tradição psicométrica da Psicologia influenciaram a organização do manual. O DSM-III marca uma mudança radical de orientação, que passou a ser de natureza apenas descritiva, sem dar qualquer relevo à etiologia, havendo pela primeira vez critérios de diagnóstico explícitos para melhorar a precisão e validade, ao contrário do sistema da OMS, na altura a CID-9 (Gruenberg *et al.*, 2005). O DSM-III representa uma mudança nos princípios e abordagem de diagnóstico da CID-9. A CID-9 mantinha a abordagem para a depressão do DSM-II e da CID-8 (Gruenberg *et al.*, 2005).

Diversas críticas haviam surgido relativamente à classificação da depressão no DSM-II, como por exemplo as críticas formuladas por Zung (citado por Goldstein & Anthony, 1988) que afirmava que a classificação era confusa e contraditória, não fazendo sentido que a depressão surgisse em diferentes secções de diagnóstico. No DSM-III e no DSM-III-R (veja-se o Quadro 1), todas as depressões passaram a ser incluídas numa secção referente às perturbações afectivas ou do humor, respectivamente, independentemente de possuírem ou não características psicóticas, independentemente da etiologia (psicogénica ou reactiva versus endógena) ou de terem ou não acontecimentos precipitantes (Goldstein & Anthony, 1988), o que pode ser extremamente discutível. O termo depressão psicótica desaparece.

A secção das perturbações do humor do DSM-III contém três grupos de diagnóstico, as perturbações afectivas *major* que contêm por sua vez a depressão *major* e a perturbação bipolar, outras perturbações afectivas específicas, que contêm a distímia, que veio substituir a depressão neurótica, e a ciclotímia e as perturbações afectivas atípicas, que contêm a perturbação bipolar atípica e a depressão atípica (veja-se Quadro 1). O termo melancolia involutiva cai e o termo melancolia é incluído para designar algumas formas de depressão grave e que respondem aos tricíclicos (Goldstein & Anthony, 1988). Os termos reacção depressiva e neurose depressiva que representavam as variantes não psicótica e não bipolar, respectivamente do DSM-I e do DSM-II, foram eliminados. Foi também incluída uma categoria residual (perturbações afectivas atípicas) para perturbações que não preenchiam os critérios formais para depressão *major*, distímia, ciclotímia ou perturbação bipolar. O DSM-III manteve uma categoria de perturbação da adaptação com humor depressivo (Gruenberg *et al.*, 2005).

Capítulo I – Depressão: aspectos epidemiológicos, hist., clín. e sociais 37

Uma vez que nem sempre os critérios de diagnóstico eram completamente claros, eram inconsistentes de categoria para categoria ou até mesmo contraditórios, a APA resolveu rever o sistema (DSM-III), surgindo em 1987, o DSM-III-R (Blatt & Levy, 1998). Quanto às perturbações depressivas não se registaram alterações substanciais relativamente às versões anteriores.

Na actualidade, os sistemas de classificação em uso são a CID-10 (WHO, 1992) publicada em 1992 pela OMS e o DSM-IV (APA, 1994/ /1996), publicado em 1994. Em 2000 a APA (2000/2002) publicou um texto revisto do DSM-IV, o DSM-IV-TR, que no entanto apresenta apenas pequenas correcções ao texto do DSM-IV, sem alterações significativas.

A CID-10 inclui os diversos quadros depressivos dentro das perturbações do humor. Nesta secção, distingue as categorias de episódio maníaco, perturbação afectiva bipolar, episódio depressivo, perturbação depressiva recorrente, perturbações persistentes do humor, outras perturbações do humor e perturbação do humor não especificada. Além destas categorias englobadas na secção das perturbações do humor, a CID-10 apresenta, na secção das perturbações neuróticas, mais precisamente na rubrica, outras perturbações ansiosas, a perturbação mista de ansiedade e depressão. A distímia, é classificada nas perturbações persistentes do humor onde também é classificada a ciclotímia. A perturbação depressiva *major* é classificada em episódio depressivo, no caso de se tratar de um episódio único, ou em perturbação depressiva recorrente, no caso de se ter registado mais do que um episódio.

O DSM-IV divide as perturbações do humor em perturbações depressivas, perturbações bipolares e outras perturbações do humor. Apresenta diversos especificadores que podem ser aplicados aos episódios depressivos (por exemplo, grave com características psicóticas), ou para descrever a evolução dos episódios recorrentes. No âmbito das perturbações depressivas, incluem-se a perturbação depressiva *major* episódio único e a perturbação depressiva *major* recorrente, a distímia, que pode ser de início precoce ou tardio e a perturbação depressiva sem outra especificação, onde são classificados os casos com características depressivas que não preenchem os critérios para uma das perturbações depressivas existentes, ou os critérios para uma perturbação da adaptação com humor depressivo, ou ainda uma perturbação da adaptação mista com humor depressivo e ansiedade, incluídas estas últimas na secção das perturbações da adaptação.

Para ser considerada a presença de um episódio depressivo *major* segundo o DSM-IV, o sujeito deverá apresentar, por um período mínimo de duas semanas, pelo menos cinco de entre nove sintomas, sendo pelo menos um deles, necessariamente, o humor depressivo ou a anedonia. Os restantes sete sintomas são a perda ou aumento de peso ou diminuição ou aumento do apetite, a insónia ou hipersónia, a agitação ou lentificação psicomotora, a fadiga ou perda de energia, os sentimentos de desvalorização ou culpa excessiva ou inapropriada, a diminuição da capacidade de pensamento ou da concentração ou indecisão e a ideação suicida ou tentativa de suicídio ou plano específico de suicídio.

Quanto aos especificadores para o episódio depressivo mais recente, importa codificar a intensidade: ligeiro, moderado, grave sem características psicóticas, grave com características psicóticas, e ainda, eventualmente, se está em remissão parcial ou em remissão completa. Importa ainda verificar se é um episódio crónico, ou seja, se dura há pelo menos dois anos e se se podem aplicar os especificadores com características catatónicas, com características atípicas, com início no pós-parto ou com características melancólicas. Finalmente, no caso de se tratar de uma perturbação recorrente, importa especificar se a recuperação entre os episódios é completa ou não e se há um padrão sazonal de apresentação da doença.

No que respeita à distímia, é necessário para o seu diagnóstico, que se verifique um padrão de humor depressivo crónico durante a maior parte do dia, mais de metade dos dias, durante pelo menos dois anos, acrescido da presença de, pelo menos, dois de entre um conjunto de seis sintomas: apetite diminuído ou aumentado, insónia ou hipersónia, fadiga ou pouca energia, baixa auto-estima, dificuldades de concentração ou em tomar decisões e sentimentos de falta de esperança

De referir, que no anexo relativo a propostas de categorias diagnósticas que necessitam de estudo, se encontram ainda outras perturbações psicopatológicas como a perturbação depressiva *minor*, a perturbação depressiva breve recorrente, a perturbação mista de ansiedade e depressão, um conjunto de critérios alternativos para a distímia e ainda a perturbação depressiva da personalidade, que foi introduzida, como resultado da polémica sobre onde colocar as depressões crónicas, se estas são fundamentalmente perturbações caracteriais ou afectivas, se faz sentido ou não distinguir a perturbação depressiva da personalidade da distímia, entre outros aspectos.

Desta evolução classificatória que apresentámos, ressaltam diversas polémicas e discordâncias. A classificação da depressão, em particular, e da psicopatologia, em geral, está longe de ser linear, consensual e definitiva.

Capítulo I – Depressão: aspectos epidemiológicos, hist., clín. e sociais   39

E pode igualmente dizer-se que existem diversas questões problemáticas no DSM-IV relativamente ao diagnóstico categorial da depressão, que segundo Jones (1998) se podem resumir em três pontos. O primeiro tem a ver com a existência de uma personalidade depressiva ou a presença de características depressivas crónicas, duradouras, tipo traço, o segundo com a elevada co-morbilidade nos indivíduos deprimidos e o terceiro com a dificuldade em distinguir ansiedade de depressão. Estes aspectos serão discutidos nos capítulos II e III.

4 – Depresão, acting-out, cultura e sociedade[1]

Apesar da importância do problema da depressão, é fundamental voltar a sublinhar que se pode estar a falar de diferentes realidades quando se utiliza o termo depressão. A delimitação do conceito é difícil, como dissemos antes. Como se viu, enquanto síndroma, num modelo estritamente médico, a depressão corresponde a um conjunto de sintomas mais ou menos duradouros: perturbações do sono, lentificação motora, perda de energia, diminuição ou aumento de apetite, ideacção suicida, sentimentos de desvalorização, dificuldades cognitivas e sobretudo anedonia, ou seja, dificuldade em experienciar prazer em actividades que o sujeito habitualmente apreciava, e ainda, humor depressivo.

Mas numa outra lógica de conceptualizar a depressão, numa visão psicodinâmica, muito bem representada, por exemplo por Coimbra de Matos, depressão, significa *baixa de pressão anímica,* pelo que o sentimento central na depressão seria o abatimento, *a queda da energia psíquica, ou energia vital, a anergia* (Coimbra de Matos, 2002a, p. 442, 443). Este abatimento seria o *marcador do processo (mórbido) depressivo* (p. 443). A alteração do humor não é um sintoma central na depressão, uma vez que "há depressões sem tristeza, mas não existem depressões sem abatimento" (Coimbra de Matos, 2002a, p. 443). No luto é que a característica central é a tristeza.

Segundo a escola psicanalítica, toda e qualquer depressão teria a marca de três características essenciais que definiriam pois a estrutura

---

[1] O conteúdo desta secção consta de um artigo do autor publicado na Revista Portuguesa de Psicanálise.

desta patologia: a dependência anaclítica, a baixa auto-estima e a culpabilidade. Consoante o peso relativo destas dimensões seria possível distinguir dois modelos clínicos de depressão: uma depressão anaclítica, onde predomina a dependência e uma depressão introjectiva onde predomina a baixa auto-estima e a culpabilidade. Mas note-se que, de acordo com uma lógica unicista e dimensional, as depressões nunca são anaclíticas ou introjectivas puras, têm sempre mais ou menos de ambos os aspectos. São estas características estruturais que são responsáveis por todas as vicissitudes relacionais e comportamentais do depressivo. Assim se percebe, por exemplo, o masoquismo, como característica do depressivo, na sua expressão máxima, o masoquismo sexual ou, noutro contexto, o próprio suicídio, que resulta em grande parte do sentimento de culpabilidade e da necessidade de expiar esse mesmo sentimento. Também se entende o sentimento de desespero e de desamparo do sujeito com depressão anaclítica, na ausência da figura de apoio. É precisamente porque o sujeito é muito dependente dessa figura que não pode suportar a sua ausência, o que acarreta uma forte angústia de separação. Ou ainda se pode entender a grande necessidade de realização pessoal de alguns sujeitos para compensar um profundo sentimento de menos valia.

Do ponto de vista psicodinâmico, o fenómeno central na origem da patologia depressiva é a perda afectiva na infância, perda do amor do objecto, e o sofrimento que essa perda acarreta. Entenda-se objecto, na linguagem psicanalítica, o outro significativo, a mãe por exemplo, por oposição ao sujeito ou próprio. Quer isto dizer que as relações afectivas, objectais, que o sujeito depressivo teve na sua infância ficaram aquém daquilo que desejou e precisou. Foram relações interpessoais com as figuras significativas, que por diversos motivos foram disfuncionais e não permitiram um desenvolvimento harmonioso. Como resultado deste disfuncionamento relacional o sujeito estrutura uma personalidade, dita depressiva, vulnerável a depressão clínica.

O depressivo tem sempre a sensação de que lhe falta algo, embora não saiba muito bem o que é. Como dizem alguns pacientes "Sabe? Parece que me falta uma coisa, mas não sei explicar o que é". Poderíamos responder, "foi o afecto da sua mãe". O sujeito pode ter tudo mas isso não teve, pelo menos como desejou, não se sentiu amado, *de que resulta o afecto doloroso da falta de afecto - é o verdadeiro sofrimento depressivo* (Coimbra de Matos, 2001).

Por outro lado, a relação do depressivo com o outro é sempre uma relação 'assimétrica', porque a depressão acontece sempre, segundo

Coimbra de Matos (2002b) quando "estamos numa situação em que damos mais afecto do que recebemos… [é o que este autor chama] economia depressiva" (p. 242).

Cronologicamente, do ponto de vista do desenvolvimento, ser gostado, gostar de si e só depois é possível gostar de alguém, contrariando as perspectivas moralistas, do bom cidadão, do bom samaritano, do voluntariado e do falso altruísmo. Não tenhamos dúvidas, só se pode amar alguém, quando se foi amado, quando se foi olhado e admirado, quando o narcisismo se pôde construir no reflexo do olhar materno, objecto capaz de conter nos braços e no espírito, de conter as angústias primitivas, de preencher o vazio e de pensar os pensamentos, fomentando a fantasia e a criatividade do sujeito.

As crianças privadas precocemente de afecto tornam-se incapazes de amar e de ser amadas (Recamier, citado por Matos, 1996).

E é a raiva narcísica de não ter sido amado que fundamentalmente gera o comportamento agressivo, que não se previne com falsas doutrinas centradas no ensino dos valores, mas com relações entre as pessoas que promovam a proximidade, que sejam capazes de dar ao animal Homem, aquilo que ele mais precisa – o alimento afecto.

Mas o que acontece ao sujeito que estrutura uma personalidade depressiva na infância? Acontece que esta estrutura se vai consolidando, reforçada pelas consequentes experiências de frustração que se vão acumulando ao longo da vida, experiências de frustração, por outro lado, que a estrutura inicial condiciona e favorece. As relações que o sujeito entretanto estabelece com colegas, amigos, outros adultos que não os pais, vão ter a marca da relação precoce e vão funcionar como um amplificador das dificuldades dessa relação inicial. É preciso ter presente que as nossas relações interpessoais decorrem de acordo com um modelo interno, tendem a ter semelhanças, sejam elas familiares, amorosas, profissionais, de amizade, etc. É por isso que faz sentido falar de um estilo de relação objectal.

Na idade adulta o indivíduo depressivo vai reagir às perdas afectivas que sempre e necessariamente têm de ocorrer ao longo da vida de todos nós, deprimindo-se. E não é só a perda afectiva que pode desencadear depressão. A perda narcísica, resultante do insucesso e a perda de poder, de empossamento e dos direitos próprios também (Coimbra de Matos, comunicação pessoal). Se o sujeito não estruturou uma personalidade depressiva, reage apenas com o que Coimbra de Matos (1985) chama uma *depressão normal*, pela qual todos nós já passámos, mas se é um depressivo, reage com uma depressão sintomática, clínica. O que distinguiria a depressão propriamente dita, clínica, da depressão normal, seriam critérios dimensionais: a primeira seria mais intensa, mais duradoura e mais invasiva, isto é, mais perturbadora do funcionamento mental.

Mas não tenhamos ilusões, o que distingue uma depressão clínica dos sintomas depressivos ditos normais, que podem ocorrer em todos nós em momentos de maior dificuldade não são aspectos qualitativos, mas de grau. Não podemos dizer pois, que ali estão os depressivos, e aqui nós, e que há portanto uma fronteira bem delimitada entre a depressão e a não depressão, entre a psicopatologia e a personalidade dita normal.

Mas de que forma é que os factores sociais podem contribuir, e ao mesmo tempo ser um reflexo, e pensamos que cada vez mais, para um aumento dos casos de depressão? A depressão é uma reacção à perda, como penso que já ficou claro, ou pelo menos àquilo que é sentido como sendo uma perda.

E nas sociedades actuais tem-se registado um empobrecimento afectivo na vida relacional das pessoas (Coimbra de Matos, 2002a).

Empobrecimento afectivo compatível com uma sociedade das tecnologias, da eficácia, dos computadores, da informação e do seu excesso, não da sua falta, como é frequente afirmar como explicação para as falhas na prevenção dos comportamentos de risco; uma sociedade do pronto a pensar e a consumir em que os pais oferecem objectos/brinquedos, para compensar e justificar as suas ausências. Há uma redução da comunicação entre os membros das famílias e da sociedade.

Por outro lado, as sociedades encaram mal a tristeza, pelo que talvez por isso tenham aumentado muito os casos de lutos patológicos (Coimbra de Matos, 2002a).

É a impossibilidade de chorar os mortos que mantém as pessoas presas a lutos inacabados, e por isso lutos, para sempre lutos. É também a impossibilidade de pensar a morte, o envelhecimento, o mito da juventude, a fantasia que se pode ser sempre jovem e bonito.

Mas nem sempre o sujeito reage à perda com uma depressão, ou pelo menos com uma depressão sintomática, com sintomas característicos evidentes. Muitas vezes surgem os chamados equivalentes depressivos, apresentações clínicas que se fazem representar ou colorir com outros sintomas, mas que têm na sua essência um marcado núcleo depressivo da personalidade, que não pode, no entanto ser vivenciado. E porque é que nem sempre o sujeito reage à perda com uma depressão sintomática? Porque todo e qualquer fenómeno psíquico e psicopatológico tem uma

Capítulo I – Depressão: aspectos epidemiológicos, hist., clín. e sociais

causalidade múltipla e complexa, pelo que é impossível encontrar duas realidades psíquicas iguais. É também por isto que os modelos teóricos que elaboramos servem um propósito explicativo e organizativo e não podem nunca dar conta da totalidade do ser humano.

Mas dizia eu, que nem sempre o sujeito reage à perda com uma depressão, ou pelo menos com sintomas depressivos evidentes. São disto, um exemplo as chamadas depressões mascaradas, em que o afecto depressivo é quase ou mesmo completamente encoberto por sintomas somáticos como dor, sintomas conversivos ou queixas gastrointestinais. Por vezes surgem aquilo que Fernandes da Fonseca (1985) denomina de *formas clínicas atípicas* de depressão, quando outros tipos de sintomas atingem por vezes uma intensidade tão marcada que podem *mascarar* o próprio humor depressivo, surgindo, assim, formas ansio-agitadas, inibidas, equivalentes ou mascaradas de depressão.

É nesta lógica que se pode pensar, por exemplo, o alcoolismo, como uma expressão camuflada de um profunda melancolia, alcoolismo alias muito prevalente no nosso pais e que depende também, certamente, claro está, de factores sociais. E é também nesta lógica que se pode pensar as visitas frequentes ao médico de algumas pessoas, todo um role de queixas e dores, por vezes mesmo as cirurgias desnecessárias, porque o sujeito não é capaz de consciencializar a verdadeira origem da sua dor maior; que não é física, é mental.

Mas mesmo quando as depressões são expressas por sintomas, digamos assim, típicos, nem sempre isso é acompanhado da possibilidade do sujeito, por ausência de recursos internos, de insight, de elaborar a sua depressão. É neste contexto que se assiste a uma centração obsessiva nos sintomas depressivos manifestos, não só por parte de alguns técnicos, mas também por parte dos próprios doentes, na ânsia de obterem um diagnóstico para não terem de pensar muito na sua depressão.

É também neste contexto que se assiste a uma verdadeira *poluição medicamentosa* (Coimbra de Matos, 2002a), a uma proliferação de psicofármacos, cada vez mais especializados e com menos efeitos secundários.

É mais fácil ao técnico de saúde prescrever um anti-depressivo, do que aceitar a complexidade da realidade psicopatológica do doente e por conseguinte recomendar uma intervenção psicoterapêutica. E é mais fácil ao doente acreditar que tem uma doença de origem biológica, que a depressão é meramente o resultado de uma alteração neuroquímica, e que portanto pode ser tratada com medicamentos.

Devo dizer que não sou contra os psicofármacos. Considero que podem ser utilizados, desde que nunca seja esquecido, aquilo que considero uma verdadeira máxima – os psicofármacos reduzem sintomas, e podem ser muito úteis, mas não curam doenças, não restituem a saúde mental a ninguém.

Noutros casos, os pacientes não acreditam que a sua depressão seja meramente o resultado de alterações biológicas, mas antes o resultado directo e imediato de uma qualquer circunstância de vida negativa actual, pelo que a solução passa por algo de exterior, inacessível à psicoterapia, esquecendo o paciente ou procurando não ter consciência que o sofrimento vem sempre de dentro, não vem de fora e que precisa procurar a causa da sua depressão sempre, e repito, sempre, na sua história passada. Só assim é possível modificar a estrutura de personalidade, só assim, revivendo com o psicoterapeuta a emoção traumática da perda precoce, vivendo a experiência emocional correctiva, é que é possível sair da condição básica de depressividade.

Importa também agora a 'talhe de foice', fazer uma justa referência à perturbação maníaca. De acordo com um modelo médico da psicopatologia a mania é caracterizada por euforia, sentimentos de grandiosidade, pensamento acelerado e de certa forma desorganizado, perturbações dos impulsos, sociabilidade exagerada, actividade e energia aumentada, distractibilidade e pressão do discurso. Do ponto de vista psicodinâmico a mania é o oposto da depressão; é uma defesa contra a depressão, é o seu reverso, é a tentativa, quase se podia dizer psicótica, 'louca', de negação do sofrimento psíquico depressivo, porque a mania implica sempre uma perda do contacto com a realidade. O mecanismo de defesa da negação implica isso mesmo, desde as formas mais ligeiras em que apenas uma porção delimitada da realidade é parcialmente "não vista" às formas psicóticas em que a realidade é maciçamente distorcida. Por isso, a mania é mais grave que a depressão. Aliás, penso que é claro que negar o sofrimento, fazer de conta que nada se passa, que tudo está bem, ainda mais quando isso é feito de forma maciça, é sempre mais grave do que aceitar esse mesmo sofrimento, porque a depressão é esse espaço mental de sofrimento e de resposta à perda, mas também pode ser um tempo único de elaboração e crescimento psíquico.

Na sociedade actual não se assiste propriamente a muitos casos de perturbação maníaca, até porque do ponto de vista estritamente fisiológico é impossível manter-se o sujeito num estado maníaco durante muito tempo, mas sim, ao proliferar de casos que podemos designar de

Capítulo I – Depressão: aspectos epidemiológicos, hist., clín. e sociais 45

personalidade hipomaníaca. São pessoas que falam depressa, sentem-se sempre bem consigo próprios e com tudo à sua volta, 'tudo sempre para cima' como alguém dizia, trabalham de manhã à noite, acabam por chatear os outros, dado o seu comportamento impulsivo, e a sua atitude eufórica, e conseguem ludibriar o vazio depressivo que lhes vais por dentro. Todos conhecemos certamente alguém com estas características.

Ainda uma referência para as personalidades narcísicas, que compensam o sentimento de profunda menos valia por um sentimento de omnipotência e de omnisciência, que tudo sabem e tudo podem ser, que exigem aos outros, que vivem para ser admirados e reconhecidos, porque o objecto primário nunca o fez. Mas são verdadeiros 'sacos rotos', onde todo o afecto e dádivas que eventualmente recebem se escoa. Compras sempre cada vez mais caras, sempre mais admiração, sempre mais exigências e sempre a culpabilização do outro quando não dá, porque não pode dar, o que o sujeito precisa. Aquilo que o sujeito precisou só podia ter sido dado pelo objecto materno. Também todos nós conhecemos certamente alguém assim.

Mas voltando aos equivalentes depressivos, são nas crianças e nos adolescentes paradigmaticos, são típicos, na medida em que as vicissitudes dos respectivos períodos de desenvolvimento não tornam possível ao sujeito expressar a depressão numa linguagem aberta, típica. E se não é possível expressar a depressão de forma, por assim dizer directa, ela é expressa por uma forma equivalente, por uma manifestação que em si mesma não é, do ponto de vista fenomenológico, depressiva, mas que se equivale, e daí o termo clínico *equivalente depressivo*. Nestas faixas etárias, como é referido por alguns autores, as depressões exprimem-se fundamentalmente por equivalentes.

Na adolescência, na procura da vida adulta, passa-se por uma desintegração do sistema psicológico do próprio, em que o comportamento é o sintoma de uma insuficiência da capacidade de pensar e é por isso, que muitas vezes adolescência e passagem ao acto se associam (Matos, 1996), como referiremos mais à frente.

Quase ficamos com a impressão que tudo é depressivo, e se calhar isso não estará muito longe da realidade. E porquê? Porque, e citando de memória Coimbra de Matos, *não há patologia mental sem perda afectiva*. A depressão funciona como um paradigma da psicopatologia; a sua compreensão serve parra outras formas de patologia; é um modelo universal da perda e do sofrimento afectivo.

Para dar precisamente um exemplo de como 'tudo é depressão' ou resulta dela, vejamos um caso nas crianças: como se pode por exemplo entender a enurese, as doenças físicas frequentes ou a hiperactividade, diagnóstico este último agora tão na moda, se não como equivalentes depressivos? Sem outra forma de se expressar, a criança manifesta pelo corpo o seu sofrimento, numa linguagem simbólica que escapa muitas vezes aos educadores, aos pais e demais adultos que estão ao pé de si. Mais preocupados em obter um rótulo da parte dos técnicos ou em ir à *internet* procurar os critérios de diagnóstico, tornam-se, estes adultos, incapazes de ouvir a criança e de ler as suas emoções. A hiperactividade, por exemplo, é apenas um correlato comportamental, uma expressão, um pedido de ajuda simbólico, que mostra que algo não vai bem internamente com aquela criança.

E cabe ao psicólogo atento e competente saber dar sentido à realidade psíquica da criança. Não lhe cabe 'prescrever' cafeína, para obter um efeito fisiológico paradoxal de tranquilizante, como aconteceu num caso que me confidenciaram recentemente. Cabe-lhe, se for capaz, de conter e dar significado, de estabelecer com a criança uma verdadeira relação sanígena e promotora de desenvolvimento. Porque não esqueçamos, como alguém dizia, é a relação que cura. O Homem, mais do que um ser racional, é um ser relacional, que precisa da relação, como 'de pão para a boca'. Sem ela, é a psicose, 'a loucura', ou as suas formas menores, as restantes perturbações psíquicas, quando essa relação não esteve ausente, mas foi 'apenas' precária, insuficiente, inconsistente, em maior ou menor grau.

No adolescente por seu turno, também se podem citar diversos exemplos de equivalentes depressivos, referidos por diversos autores (veja-se Marcelli & Braconnier, 1984), como a agressividade, os problemas escolares e as dificuldades de concentração, igualmente a hiperactividade, a inactividade, as perturbações alimentares, diversos comportamentos de risco e as perturbações do comportamento ou do *acting-out* (passagem ao acto), também denominadas patologias do agir.

Estas últimas formas de psicopatologia são especialmente preocupantes pelas consequências extremamente negativas que podem ter para o próprio e para os outros. Muitas vezes as manifestações psicopatológicas associadas ao acting-out não tomam na nossa sociedade, formas extremas, como na delinquência ou toxicodependência, mas apenas formas *minor*, expressas em comportamentos de risco, como a condução perigosa ou as relações sexuais desprotegidas.

Capítulo I – Depressão: aspectos epidemiológicos, hist., clín. e sociais 47

O *acting-out* é frequentemente uma forma de negar a depressão. Isto é sobretudo verdade na adolescência e nas depressões anaclíticas ou borderline que referi há pouco. Na depressão anaclítica, e vou resumir, utilizando uma linguagem psicanalítica, o trauma, ocorreu antes dos 18 meses, pelo que não existe uma regular memória de evocação. O sujeito torna-se incapaz de tolerar a ausência física, real do objecto, precisamente porque não é capaz de o evocar, não o introjectou, pelo que predomina o medo da perda do objecto enquanto objecto de apoio, o medo do abandono, a angústia de separação. Na depressão anaclítica não se dá a interiorização permanente do bom objecto, e é por isso que a perda é insuportável, porque o sujeito ainda não o constituiu dentro do seu mundo interno. E isto aconteceu porque a relação precoce foi inconsistente, descontinuada, logo pouco segurizante. Quando há uma separação, é o desespero, o desamparo e o sentimento de abandono. O *acting out* pode ser entendido no *borderline* como uma defesa contra a depressão *borderline*, uma depressão não vivida no plano da interioridade (Coimbra de Matos, 2002a; veja-se também Coimbra de Matos, 1997), uma depressão que é agida.

Na génese da delinquência, e voltamos a ela, forma *major* de perturbação do comportamento, encontramos as perdas afectivas e a falta de modelos de identificação capazes, a organização de um super-eu lacunar, pouco estruturado, portanto, encaminhando os jovens para uma autonomia precoce que engana a rejeição precoce (Matos, 1996).

Uma metáfora é os pais que dizem à criança pequena "se já és capaz de ir até ao quintal, então vá pá, também já és capaz de ir até ao outro lado da rua".

O *acting-out* opõe-se ao pensamento, e é um vestígio certo do sofrimento resultante de falhas na interacção precoce com um objecto predominantemente sádico e contraditório (Coimbra de Matos, 1984). Alivia o sofrimento depressivo, mas o *acting-out*, como ocorre numa atitude projectiva, de evacuação, de culpabilização do exterior, impede a atitude reflexiva, tão necessária a este tipo de sujeitos, precisamente para tornar possível a compreensão daquilo que deu origem ao seu comportamento anti-social (Matos, 1996). Ao agredir e atacar, acusando sistematicamente o outro, o sujeito evita deprimir-se (Bergeret, 1976).

Mas a capacidade de pensar é absolutamente vital para a saúde mental e o seu comprometimento associa-se directamente ao adoecer psicológico. Citando de memória Pedro Luzes, a perturbação do pensamento caracteriza toda e qualquer forma de perturbação psíquica. Contrariamente, é preciso valorizar a existência de uma arma de construção massiva, citando também de memória o poeta Mia Coto quando falava a propósito das tão referidas armas de destruição massiva, arma de construção massiva que é precisamente a capacidade de pensar.

O delinquente, ao colocar-se na alçada da lei, apropriando-se de objectos que não lhe pertencem, tenta suprir o objecto de relação primária que sente que lhe faltou, não percebendo que o faz compulsiva e repetidamente. Vinga-se no exterior, no social, afastando a sua agressividade do objecto que realmente mereceria a sua retaliação. Numa linguagem psicanalítica, dir-se-ia que desloca o seu conflito do interior, para o exterior, do objecto interno primário para a sociedade (Matos, 1996). O comportamento anti-social deve ser entendido como a procura do objecto perdido, resultante da privação, reflectindo a concepção do sujeito de que a causa do seu mal-estar sua reside numa falha exterior a si (Winnicot, citado por Matos, 1996).

Mas como dissemos há pouco, nem sempre o *acting-out* está associado a comportamentos patológicos graves como a delinquência. Ele é frequente na cultura actual em que se assiste a uma necessidade incontrolável, compulsiva, de obtenção de um prazer imediato, a uma sociedade do ter e não tanto do ser, em que vale apenas as coisas que se conseguem, e menos a forma como se conseguem essas mesmas coisas. Uma sociedade em que tudo deve ser oferecido, nada deve ser procurado, uma sociedade sem frustração, mas que assim é também, e necessariamente, uma sociedade sem desejo, em que esse desejo é agido, porque tem de ser imediatamente satisfeito. A sociedade das compras de natal em catadupa, dos centros comerciais, dos programas, das modas, em que só se é, se se for igual, em que o sujeito se dilui numa amálgama fusional, em que a sua identidade periga, ao sabor da homogeneização, da globalização, em que não há espaço para pensar, para desejar, para sonhar, para se ser único, ao mesmo tempo que se está com o outro. É uma visão pessimista da sociedade, talvez, bem sei, mas é a que eu tenho.

Uma sociedade em parte controlada pelo objecto materno, objecto caprichoso já se vê, e não pelo objecto paterno, diria um psicanalista lacaniano, mas então, diríamos nós, um mau objecto materno. Encaixaria aqui 'como uma luva' a explicação para o facto de sermos uma sociedade preguiçosa, ao sabor da lei da mãe e pouco da lei do pai. Por isso os trabalhadores portugueses produziriam mais noutros países, como reflectia Maria Belo, psicanalista, numa comunicação a que assisti recentemente.

Aliás vivemos num tempo em que a figura paterna é desvalorizada, apagada mesmo. Não é por acaso que encontramos sistematicamente na clínica famílias em que o pai está ausente ou é uma figura sem poder, fraca, ou em que essa fraqueza é substituída por brutalidade, sendo a mãe a detentora da autoridade.

As famílias dos toxicodependentes tipificam a situação em que a figura do pai não existe, não medeia a relação mãe-filho, em que o comportamento agido – a droga – substitui o afecto e a comunicação e em que o sintoma consumo de drogas permite o evitamento dos problemas reais nas relações. O toxicodependente funcionaria como o portador do sintoma da família (Dias Cordeiro, 1982), para utilizar uma linguagem das correntes sistémicas.

É uma sociedade, a nossa, do aumento do consumo de drogas. O consumo de drogas precisamente como forma de obtenção de prazer imediato, como forma de negar a realidade e o sofrimento, mas também como uma forma de rejeitar o social de se evadir desse mesmo social e como um resultado de um eu fraco e da fraca capacidade de tolerar a frustração.

Mas é um prazer narcísico, em círculo fechado, o que é obtido com o consumo, que começa e acaba no próprio, num estado de regressão narcísica e de auto-erotismo, dada a incapacidade do sujeito de estabelecer vínculos significativos e de encontrar satisfação na genitalidade e na vida social. Faltou o vínculo primário, absolutamente fundamental e por isso a droga funciona como uma espécie de objecto transicional, na linguagem de Winnicot, e como uma tentativa simbólica de recuperar a relação simbiótica, o contacto corpo-a-corpo com a mãe (Dias Cordeiro, 1982).

Pensemos na descrição que os heroinómanos fazem da experiência que se associa ao consumo intravenoso; uma espécie de experiência regressiva que faz lembrar a vivência intra-uterina. Sem o objecto transicional a criança não é capas de passar de um estado mental em que prevalece o princípio do prazer, para outro em que prevalece o princípio da realidade.

No toxicodependente, a depressão que não pode ser vivida no plano psíquico conduz a uma compulsão ao consumo, que resulta numa elação toxicomaníaca, um mecanismo de defesa contra a depressão. Mas a elação não dura sempre, vem depois a culpa e o sujeito volta à posição depressiva, agravada cada vez mais pela perda da ilusão de felicidade e pela degradação progressiva da vida relacional e social (Dias Cordeiro, 1982).

Uma nota ainda antes de terminar, para referir que as condutas agídas, sejam elas de que tipo forem, comportam sempre uma negação ou anulação da angústia de morte. Como o adolescente que faz cavalinhos na sua mota numa estrada infestada de carros, e não é capas 'de perceber' que pode morrer. O mesmo acontece no toxicodependente, em que o dispor da vida serve precisamente para controlar a angústia de morte. Vivem 'no fio da navalha'.

É possível concluir que independentemente de como se expressa a psicopatologia e por conseguinte a dor mental, a sua origem está sempre na perturbação das relações do sujeito com as figuras significativas. A sociedade só amplia, só repete e só cristaliza as vulnerabilidades precocemente estruturadas, ou pelo menos, 'semeadas'. De facto a dor mental, logo a patologia, existe 'simplesmente' quando o sujeito não se sentiu suficientemente amado.

CAPÍTULO II

A personalidade depressiva

O conceito de perturbação depressiva da personalidade ou de personalidade depressiva é afim do conceito de depressão. Tem sido utilizado na literatura, sobretudo psiquiátrica e psicanalítica. O conceito tem sido descrito e utilizado por clínicos e investigadores de várias escolas desde há várias décadas (Phillips *et al.*, 1990; Phillips, Hirschfeld, Shea & Gunderson, 1993; Ryder *et al.*, 2002), em particular nos trabalhos dos autores psicodinâmicos e nas descrições dos autores clássicos da psiquiatria alemã (Klein & Miller, 1997; Koldobsky, 2003), como é o caso de Kraepelin. Segundo Koldobsky (2003) tem sido utilizado com muitos sentidos, mas habitualmente refere-se a uma constelação de traços que incluem a baixa auto-estima, o pessimismo e a submissão.

Klein *et al.* (1993) referem que a noção de perturbação depressiva da personalidade ou de personalidade depressiva representa a encruzilhada entre a depressão e a personalidade porque os dois conceitos se fundem num só. O humor depressivo e as outras características são apresentados como traços de personalidade crónicos e estáveis, ou seja, há uma estrutura de carácter depressivo.

Diversas descrições teóricas, a maioria proveniente dos autores psicodinâmicos, mais recentemente da escola cognitivista, bem como do modelo médico, parecem apoiar o constructo de perturbação depressiva da personalidade, sendo que a maior parte dos dados sugere que é uma entidade diagnóstica válida (Huprich, 1998).

1 – Os clássicos da psiquiatria e a personalidade depressiva

Até aos anos 60 a discussão sobre a personalidade depressiva estava largamente limitada aos fenomenologistas alemães (Klein & Vocisano,

1999), ou seja, os clássicos da psiquiatria alemã, como Kraepelin, Kretschmer ou Schneider. Kraepelin (1921) usou o termo temperamento depressivo para se referir a uma perturbação fundamental que predispunha as pessoas aos aspectos depressivos da doença. O termo temperamento, utilizado na psiquiatria europeia, por oposição ao termo carácter, denota a ligação ao substracto biológico da afectividade (Akiskal, 1991, 1997). Por outro lado, o termo personalidade é normalmente utilizado em Psicologia num sentido mais abrangente do que os termos temperamento e carácter, englobando-os e englobando aspectos biológicos e desenvolvimentais (adquiridos). Kraepelin caracterizava os sujeitos com temperamento depressivo como predominantemente depressivos, auto-críticos, desesperados, sérios, propensos a sentirem culpa e com falta de confiança. Este temperamento seria hereditário e tenderia a ter um curso estável, embora muitos casos progredissem para a forma completa da doença afectiva (Klein & Vocisano, 1999). Kraepelin considerava mesmo, segundo Klein e Vocisano, que o temperamento depressivo era um dos estados fundamentais por detrás da doença afectiva *major*, uma forma rudimentar de doença afectiva de onde os episódios *major* eclodiam.

Kretschmer (1925) expressou uma visão similar à de Kraepelin e antecipou, de certa forma, os modelos dimensionais actuais sobre a personalidade e o afecto, acrescentando que os traços depressivos podiam ser observados em indivíduos normais (Ryder *et al.*, 2002). Kretschmer postulou, da mesma forma que Kraepelin, uma continuidade entre o temperamento depressivo e a doença maníaco-depressiva, apresentando o temperamento os sintomas psicológicos fundamentais da doença afectiva. Mas em Kretschmer, ao contrário de Kraepelin, a personalidade depressiva era descrita no contexto do desenvolvimento do carácter (Huprich, 1998).

Para Schneider (1959), as personalidades anormais, as psicopatias, não eram consideradas perturbações mentais mas desvios estatísticos da norma que causavam mal-estar ao próprio ou aos outros. A sua psicopatia depressiva incorporou as características das descrições anteriores do temperamento depressivo mas incluiu outros traços como anedonia moderada, cepticismo, fortes sentimentos de dúvida, ser dado a preocupações e quietude. Acresce à descrição as características de pessimismo, dificuldades em se relaxar e o aspecto sério e sombrio. A personalidade depressiva era diferente da depressão endógena, tendo origem em perturbações do desenvolvimento precoce (Huprich, 1998). Schneider (citado por Akiskal *et al.*, 1983), ao contrário de Kraepelin e Kretschmer, não pos-

Capítulo II – A personalidade depressiva

tulava nenhuma relação entre a psicopatia depressiva e a doença afectiva, ou seja, não relacionava temperamentos ou personalidades afectivas e as doenças afectivas propriamente ditas. A psicopatia depressiva estava ligada sim, às outras perturbações da personalidade.

A personalidade depressiva continuou a receber atenção por parte da psiquiatria alemã, como *typus melancholicus*, termo criado por Tellenbach (Phillips *et al.*, 1990).

2 – A perspectiva psicodinâmica

Mas muita da literatura que descreve a personalidade depressiva pode ser encontrada nos escritos dos psicanalistas (Huprich, 1998). Na escola psicanalítica, ao contrário dos clássicos da psiquiatria alemã, não se tentaram tanto delimitar categorias ou tipos de personalidade depressiva, mas antes definir-se traços de personalidade pré-mórbidos que supostamente aumentariam o risco para a depressão (Bagby, Ryder & Schuller, 2003; Ryder *et al.*, 2002). Apesar disso, com a ascendência da psicanálise, o termo temperamento depressivo da escola alemã foi gradualmente substituído pelo termo carácter depressivo, que remete para uma origem desenvolvimental e não biológica e que foi utilizado por alguns autores, como por exemplo, Kahn, Berliner ou Arieti e Bemporad (Phillips *et al.*, 1990). E foi nos anos 60 e 70 que alguns investigadores da área psicanalítica deram contributos importantes para a literatura sobre a personalidade depressiva (Klein & Vocisano, 1999).

Apesar das diferenças entre os clássicos da psiquiatria alemã e os psicanalistas sobre a etiologia do temperamento e da personalidade depressiva, respectivamente, as suas descrições clínicas não são muito distintas (Klein & Vocisano, 1999). No entanto, podem notar-se algumas diferenças entre as definições dos psicanalistas da personalidade predisponente à depressão e as definições do temperamento distímico dos clássicos da psiquiatria alemã, sendo que estas últimas desenfatizam a obsessividade, a dependência e o masoquismo, para enfatizarem os traços sub-depressivos (Akiskal, 1997).

Muitas teorias psicanalíticas focalizaram-se na dependência/orali-dade e na obsessividade/analidade, tendo também sido dada alguma importância à baixa auto-estima, desamparo, culpa, dependência, incapaci-dade de amar, hiper-criticismo, auto-depreciação, desesperança, vazio e hipocondria (Bagby *et al.*, 2003; Ryder *et al.*, 2002).

Chodoff (1972) supõe uma relação de vulnerabilidade entre o carácter oral dependente descrito na literatura psicanalítica e a perturbação afectiva *major*, sendo que a "dependência interpessoal pode ser... [avaliada] pelo grau em que a auto-estima de uma pessoa é mantida mais ou menos exclusivamente pela aprovação e suporte das outras pessoas..." (p. 670-71). De qualquer forma, afirma que não se chegou a um consenso relativamente às características de personalidade que predispõem à depressão, embora a literatura psiquiátrica e psicanalítica enfatize que os indivíduos predispostos a deprimirem-se apresentam características de personalidade que os distinguem dos que não são propensos a deprimirem-se.

O modelo de Blatt (1974, 1990, 2004; Blatt *et al.*, 1976; Blatt & Zuroff, 1992), que será descrito pormenorizadamente no capítulo V, postula um tipo depressivo dependente ou anaclítico, distinto de um tipo depressivo auto-crítico ou introjectivo. Distinções semelhantes ocorrem também em modelos de outras tradições como o de Bowlby (1980), Arieti e Bemporad (1980) e Beck (1983), apesar de apresentarem, também, evidentes diferenças relativamente ao modelo de Blatt. Kernberg (1970, 1988) incorporou ambos os elementos (aspectos anaclíticos e introjectivos) numa única linha psicopatológica, formulando uma concepção psicanalítica da perturbação depressiva-masoquista da personalidade, ligando-a à concepção freudiana de *masoquismo moral* (Bagby *et al.*, 2003; Ryder *et al.*, 2002).

A perturbação depressiva-masoquista da personalidade apresenta três conjuntos de características fundamentais segundo Kernberg (1988). Um conjunto de características que reflectem um super-eu severo, características que reflectem uma forte dependência do suporte, amor e aceitação por parte dos outros e características que reflectem dificuldades em expressar a agressividade. Assim, o tipo de funcionamento do super-ego marca uma tendência para os sujeitos serem demasiado responsáveis, sérios, preocupados com o desempenho profissional e hiper-conscienciosos. Quando não conseguem viver de acordo com as expectativas e metas que estabeleceram, deprimem-se. Em casos mais graves, as exigências para consigo próprio levam a que os sujeitos se coloquem em circunstâncias que induzem o sofrimento e o ser explorados, criando ou perpetuando inconscientemente uma realidade externa que dá razão aos seus sentimentos de serem mal tratados, usados ou humilhados. Por outro lado, estes sujeitos são muito sensíveis ao facto de serem desapontados pelos outros, podendo deixar de lado os seus desejos e vontade própria para obter amor e simpatia por parte deles. O sentimento de serem "rejeitados e mal tratados como uma reacção a falhas relativamente menores pode conduzir a comportamentos inconscientes... para fazer o objecto amado sentir-se culpado. Ciclos viciosos de excessivas exigências, sentimentos de rejeição e tendência inconsciente para fazer os outros sentirem-se culpados e consequente rejeição" (pp. 1008-1009) podem provocar problemas graves nas relações mais próximas e desencadear a depressão aquando da perda de afecto. Finalmente, devido à forma como lidam com a agressividade, verifica-se uma tendência para se deprimirem em situações que para os outros produziriam raiva ou zanga. A culpa inconsciente, devido à raiva expressa contra os outros pode complicar o ciclo vicioso descrito. Atacam os outros de que necessitam, mas por quem se sentem rejeitados, de seguida deprimem-se, são submissos e têm um comportamento complacente, ao que se segue uma segunda vaga de raiva devido à forma como são tratados e devido à sua própria submissão.

Para Simons (1987), as duas perturbações, depressiva e masoquista, seriam distintas. Os pacientes com perturbação masoquista provocam, inconscientemente, os outros para serem consequentemente mal tratados, pelo que o seu conflito interno é agido no mundo externo. Ao contrário, nos pacientes com perturbação depressiva, o conflito é interno, o que conduz à auto-punição, na ausência de uma retaliação do outro. As características desta perturbação da personalidade seriam, fundamentalmente, as que foram identificadas por Schneider. Apesar disso, o autor considera que em muitos pacientes estas perturbações coexistem (Phillips *et al.*, 1990).

Coimbra de Matos (2001) considera que a personalidade depressiva e a depressão ou estado depressivo constituem, no seu conjunto, a doença depressiva. A personalidade depressiva (conjunto de traços de carácter), também designada de depressão latente ou larvar, disposição depressiva ou tendência depressiva, seria uma estrutura mental mais ou menos estável, um tipo de funcionamento psíquico preponderante. Esta personalidade depressiva composta por traços egossintónicos em que sobressaem o humor depressivo e a irritabilidade, seria o substracto de onde surgem episódios depressivos com sintomas egodistónicos de desânimo, tristeza, inferioridade e culpa. Noutros escritos (e. g. Coimbra de Matos, 1996), encontramos uma descrição mais pormenorizada e os principais traços que definiriam esta dita personalidade depressiva seriam a baixa auto-estima, culpabilidade, super-eu severo, vulnerabilidade à perda, tendência à adinamia e idealização do passado. Mais recentemente, Coimbra de Matos (2003) refere ainda que os factores psicopatológicos da constelação depressiva se agrupam em quatro *feixes*: (1) submissão a um super-eu pouco integrado, primitivo e imaturo, (2) abatimento geral, desânimo e propensão à desistência, (3) inibição fóbica e (4) baixa auto-estima. Na depressividade, que seria uma certa e específica forma de personalidade depressiva, a mais característica, é ainda central o abatimento, como traço patognomónico (Coimbra de Matos, 2002a). Os traços da personalidade depressiva organizar-se-iam na sequência de pequenas perdas cumulativas ou como sequela de uma reacção depressiva, mas também, e sobretudo, como resultado de uma relação patogénica de onde se destaca uma economia depressígena em que o sujeito dá mais do que recebe, vivendo num sistema de perda contínua. Verifica-se também nesta relação uma indução de culpa pelo objecto (e, por identificação, o sujeito aceita a imagem de culpado que lhe é incutida), e ainda uma desvalorização, humilhação e ridicularização do sujeito (Coimbra de Matos, 1996).

É evidente a semelhança no tipo de traços apresentados nesta conceptualização e os que aparecem na descrição de Kernberg, especialmente no que diz respeito aos dois primeiros tipos de características que compõem a perturbação depressiva-masoquista, características que reflectem um super-eu severo e características que revelam dependência ou vulnerabilidade à perda. Mas também a raiva expressa pelo sujeito quando se sente rejeitado, referida por Kernberg, pode ter um paralelo com a irritabilidade da descrição da personalidade depressiva de Coimbra de Matos. De qualquer forma, a baixa auto-estima, o desânimo e o abatimento não são realçados na descrição de Kernberg. Evidente é, também, a semelhança entre estas descrições e a descrição de melancolia apresentada por Freud, sobretudo nos aspectos do super-eu severo, da vulnerabilidade à perda e da baixa auto-estima.

Segundo Huprich (1998), várias conceptualizações, nomeadamente as formulações psicanalíticas, têm salientado três aspectos: a dependência (aspecto anaclítico da depressão), os traços perfeccionistas e o masoquismo (aspectos introjectivos da depressão), como características da personalidade depressiva. A dependência, bem como um *masoquismo moral* com auto-criticismo e culpabilidade, resultando da actividade de um super-eu exigente, estão presentes, por exemplo, nas conceptualizações de Blatt (1974, 1990, 2004) e de Coimbra de Matos (1986, 1996, 2001, 2003), bem como na formulação de Kernberg (1988). Na conceptualização de Blatt está presente, ainda, na depressão introjectiva, o perfeccionismo. Rado (citado por Matussek, Luks & Seibt, 1986) salienta o componente oral de dependência na personalidade depressiva, manifestando-se no desejo intenso de protecção, amor, segurança, medo da perda e inibição da agressividade. Também Chodoff (1972), que referimos anteriormente. E Bemporad (citado por Huprich, 1998) salientam o traço de dependência ou o carácter oral na organização depressiva. Berliner (citado por Huprich, 1998) e Simons (1987) destacam a dimensão masoquista e Laughlin (citado por Huprich, 1998) a presença das três características. Flett, Hewitt e Mittelstaedt (1991) destacam a auto-punitividade e a sua dimensão ou componente de auto-criticismo como correlatos importantes da depressão. Hewit, Ediger e Flett (1996) discutem a importância da dimensão do perfeccionismo na depressão, distinguindo vários tipos de perfeccionismo. Concluem que o perfeccionismo tem um papel importante na vulnerabilidade ao adoecer depressivo.

Por outro lado, o conceito de perturbação depressiva da personalidade do anexo do DSM-IV que descreveremos na secção seguinte e a conceptualização de Schneider de personalidade depressiva, salientam apenas as características introjectivas, para usar a linguagem de Blatt, não considerando as características anaclíticas da depressão, como o desamparo, a dependência e o medo de ser abandonado. Aliás, pensamos que todos os quadros depressivos do DSM-IV o fazem. Talvez por isso, exista a categoria de perturbação dependente da personalidade que, de alguma forma, abrange os traços anaclíticos da depressão.

É interessante a nota referida por Klein e Vocisano (1999) de que muito do trabalho empírico e teórico sobre a depressão, enquanto categoria sintomática, do eixo I, tipo estado, é consonante com a literatura clínica sobre a personalidade depressiva. Sem provavelmente quererem fazê-lo, estes autores acabam, de certa forma, por levantar uma questão importante. Há realmente alguma diferença entre os dois constructos? Do ponto de vista do funcionamento intra-psíquico, provavelmente não. Por isso, é que, por exemplo, quando os autores da escola psicanalítica teorizam sobre a depressão, estão também a teorizar sobre a personalidade depressiva, no fundo sobre as características internas dos sujeitos que se deprimem, seja recorrentemente, seja cronicamente.

Por outro lado, os estudos que surgiram no âmbito do modelo médico sobre a patologia depressiva e que recolheram dados fisiológicos, genéticos e da história familiar mostram que alguns dos indivíduos com depressões crónicas de início precoce (distímia de início precoce) apresentam características de perturbação da personalidade, resultados que são compatíveis com a concepção psicanalítica que descreve uma patologia de carácter depressivo (Huprich, 1998).

Também a escola cognitivista, postula a existência de estruturas cognitivas estáveis, esquemas de crenças ou atitudes, ou estilos de atribuição, consoante o modelo teórico que podem predispor os indivíduos à depressão (Persons & Miranda, 1992). Os esquemas depressivos que provocam fenómenos como o pensamento automático negativo ou o viés interpretativo e que são activados perante determinados acontecimentos stressantes, desenvolver-se-iam como resultado da aprendizagem, "sendo normalmente a generalização de experiências infantis precoces" (Dyck & Stewart, 1991, p. 116). Quando os indivíduos vulneráveis vivenciam determinados acontecimentos stressantes que activam as suas estruturas cognitivas, os sintomas depressivos aparecem (Persons & Miranda, 1992).

Na abordagem psicodinâmica, as estruturas de personalidade organizadas na infância persistem e reactualizam conflitos passados e, na abordagem cognitiva, são os esquemas depressígenos que predispõem ou criam susceptibilidade a estados disfóricos (Nietzel & Harris, 1990). Existe uma grande quantidade de resultados experimentais "indicando que características cognitivas e de personalidade estáveis contribuem para uma vulnerabilidade a estados de humor depressivo" (Zuroff, Igreja & Mongrain, 1990, p. 322).

Apesar da personalidade depressiva ter sido descrita, consistentemente, por investigadores e clínicos, quer da escola fenomenológica alemã, quer da escola psicanalítica, desde o início do século XX e apesar do reconhecimento pela psiquiatria europeia do constructo e consequente inclusão na CDI-9 e da sua utilização pelos clínicos americanos (Phillips *et al.*, 1990), a introdução do diagnóstico da correspondente perturbação da personalidade no DSM só teve lugar recentemente e apenas no anexo B da quarta edição (Bagby *et al.*, 2003). De qualquer forma, na opinião de Akiskal (1991, 1997), a psiquiatria europeia conceptualizou a personalidade depressiva, sobretudo, como uma expressão sub-clínica de uma perturbação afectiva, enquanto que na psiquiatria americana as formulações enfatizaram as vicissitudes desenvolvimentais. O termo temperamento foi, aliás, utilizado, sobretudo, na psiquiatria europeia, por oposição ao termo carácter ou personalidade, para enfatizar o substracto biológico da afectividade. Segundo Akiskal (1997), as evidências actuais parecem apontar no sentido de que as vicissitudes desenvolvimentais referidas se relacionam com o facto de se ter como pais figuras afectivamente perturbadas com as consequentes interacções disfuncionais e privações que daí resultam.

3 – O conceito de perturbação depressiva da personalidade

No DSM-IV, para além da categoria denominada distímia, colocada no eixo I juntamente com as outras perturbações do humor, existe uma categoria incluída no anexo B, de propostas de categorias diagnósticas que necessitam de estudo, denominada perturbação depressiva da personalidade. Os seus critérios de diagnóstico foram derivados dos propostos por Akiskal (1983, 1989) que, por sua vez, se baseou nos escritos de Schneider. Foram eliminados os aspectos pro-sociais e da conscienciosidade da descrição original da psicopatia depressiva porque a investigação mostrou que se correlacionavam negativamente com os outros traços e eliminou-se, também, a introversão porque se correlacionava muito com outras perturbações da personalidade (Ryder *et al.*, 2002).

Os critérios de diagnóstico do DSM-IV são: A- um padrão global de cognições e comportamentos depressivos com início no princípio da idade adulta e presente numa grande variedade de contextos, como indicado por cinco (ou mais) dos seguintes: o humor habitual é dominado por sentimentos de abatimento, tristeza, desânimo, desilusão ou infelicidade; a concepção que o sujeito tem de si próprio centra-se principalmente em sentimentos de inadequação, inutilidade e baixa auto-estima; critica-se, acusa-se ou auto-desclassifica-se; é meditabundo e dado a preocupações; é negativista, crítico e preconceituoso em relação aos outros; é pessimista; tende a sentir-se culpado ou com remorsos. B- não ocorre exclusivamente durante episódios depressivos *major* e não é melhor explicada por um perturbação distímica (APA, 2000/2002).

Foi devido ao facto de nas versões anteriores do DSM não existir um espaço para diagnosticar pacientes com uma estrutura depressiva de carácter, que Phillips e colegas (Phillips *et al.*, 1990; veja-se também Phillips *et al.*, 1993) propuseram que a personalidade depressiva fosse incluída como uma perturbação da personalidade no anexo das perturbações que necessitam de mais investigação, uma vez que se distinguia da distímia em diversos aspectos (Koldobsky, 2003).

O DSM-I e o DSM-II tinham uma rubrica que dava conta da personalidade depressiva, ainda que apenas como uma variante da personalidade ciclotímica, como referimos antes, mas o DSM-III deixou de ter. A eliminação da personalidade depressiva do DSM-III foi controversa (Phillips *et al.*, 1990; Ryder *et al.*, 2002). Esta decisão foi tomada em parte para favorecer o objectivo de uma definição ateórica e fenomenológica, de acordo com a filosofia do DSM, salientando ao mesmo tempo o manual, que os sintomas afectivos podiam ser secundários à patologia da personalidade (Ryder *et al.*, 2002).

Klein e Miller (1997) contestam que se considerassem 'os casos' de personalidade depressiva na categoria da distímia como, de algumas forma, era proposto pelo DSM-III e pelo DSM-III-R, já que apesar de poder haver alguma sobreposição poderá haver diferenças importantes nos dois constructos, nomeadamente porque a distímia poderá ser uma perturbação mais grave. Segundo diversos autores, não havia nestas classificações um espaço para diagnosticar os pacientes com uma estrutura de carácter depressivo, mas cujos sintomas são menos graves do que os necessários para o diagnóstico de distímia (e. g. Frances & Cooper, citados por Klein & Miller, 1997; Goldstein & Anthony, 1988; Gunderson, citado por Klein & Miller, 1997).

A introdução da perturbação depressiva da personalidade no texto principal de futuras edições do DSM serviria, na opinião de Gastó (1999), para tapar o vazio deixado pela ausência da depressão neurótica que combinava elementos da personalidade com sintomas clínicos afectivos.

Partilhando a mesma opinião de Gunderson, Phillips Triebwasser e Hirschfeld (1994), Koldobsky (2003) afirma que a perturbação depressiva da personalidade foi também introduzida no anexo do DSM-IV devido à tradição clínica e, por outro lado, devido ao aspecto atractivo do conceito de espectro. A inclusão de uma perturbação depressiva da personalidade, que poderia estar ligada às perturbações do humor do eixo I como um aspecto de um *espectro afectivo*, seguiria o exemplo do DSM-III, onde se incluiu uma perturbação esquizotípica da personalidade no eixo II, *num espectro* com as perturbações esquizofrénicas (Koldobsky, 2003). Além disso, a sua introdução deveu-se ainda a uma outra razão, à renovação do interesse que ocorreu na década de 90 pela perturbação depressiva da personalidade (Huprich, 1998). Muita da investigação realizada nos últimos 30 anos vinha a revelar um *cluster* de sintomas internamente consistente ligado a um afecto crónico negativo, resultados que se mostraram em acordo com as descrições clínicas sobre a perturbação depressiva da personalidade e que ajudam a apoiar a validade do diagnóstico (Huprich, 1998).

Mas o constructo de perturbação depressiva da personalidade (PDP) não deixa de levantar considerável controvérsia que se centra em torno de várias questões, nomeadamente, se é realmente uma perturbação distinta das outras, especialmente da distímia (Phillips & Gunderson, 1999).

A nova categoria de PDP que foi colocada no anexo do DSM-IV reacendeu a discussão sobre a sua validade e sobre se os traços depressivos da personalidade deveriam ser colocados junto das perturbações do humor ou das perturbações da personalidade, ou seja, gerou-se uma controvérsia sobre se a depressão crónica moderada deveria ser considerada uma perturbação do eixo I ou uma perturbação do eixo II (Ryder *et al.*, 2002). Mas na opinião de Ryder *et al.*, a localização da PDP no eixo I ou no eixo II não é a questão central, sendo a colocação num eixo particular, arbitrária e difícil de justificar. Este problema, eixo I versus eixo II, tem pouco que ver com este diagnóstico em particular, mas antes, com problemas inerentes aos sistemas multiaxiais. Também a este propósito, Widiger e Shea (1991) afirmam que no DSM existem distinções arbitrárias entre as perturbações do eixo I e do eixo II, como por exemplo, entre as perturbações do humor e a perturbação borderline da personalidade, entre a esquizofrenia e a perturbação esquizotípica e entre a fobia social e a perturbação evitante da personalidade. Widiger (citado por Huprich, 1998) refere que a distinção categorial entre uma perturbação afectiva e uma perturbação da personalidade pode ser ilusória e arbitrária. Huprich (1998) refere que muitos dos sintomas presentes nas perturbações afectivas, também estão presentes em algumas perturbações da personalidade.

A inclusão da PDP no anexo do DSM-IV acelerou o processo de testar a validade de constructo da categoria, afim de decidir sobre a sua futura inclusão no sistema oficial. O foco da investigação foi, como seria de esperar, a questão da discriminabilidade relativamente à distímia (Ryder *et al.*, 2002). Diversos autores consideram que a sobreposição não é muito elevada e que a PDP é uma categoria útil e válida (e. g. Eguskiza, 2001; Hirschfeld & Holzer, 1994; Huprich, 2001a; Phillips *et al.*, 1993; Klein & Miller; 1993; McDermut, Zimmerman & Chelminski, 2003). Outros são mais cépticos, mostrando-se contra a sua inclusão no DSM, pelo menos como é definida actualmente (e. g. Bagby *et al.*, 2003; Clark & Watson, 1999; Ryder & Bagby, 1999; Ryder *et al.*, 2002; Sherman, 1995; Widiger, 1999). McLean e Woody (citados por Klein & Vocisano, 1999) referem que a PDP é simplesmente equivalente a um nível elevado de afectividade negativa ou neuroticismo, pelo que se trataria de um constructo desnecessário. Por outro lado, o problema de diferenciar a PDP da distímia pode simplesmente estar relacionado com o sistema de diagnóstico usado no DSM, de tipo categorial, em que uma dada perturbação é atribuída a uma categoria ampla e homogénea (Huprich, 1998).

Para Ryder e Bagby (1999) existem três critérios necessários que devem ser preenchidos para que uma nova categoria possa ser incluída no sistema de diagnóstico: uma distinção teórica substancial das outras perturbações, uma distinção empírica bem estabelecida e um desvio suficiente do temperamento normal. Argumentam que é improvável que a PDP possa ser diagnosticada independentemente da distímia e que apresenta também elevada sobreposição nos sintomas com as perturbações da personalidade do *cluster* C (perturbações evitante, dependente e obsessivo-compulsiva da personalidade). Afirmam ainda que, apesar de parecer haver um suficiente desvio do temperamento normal no grupo total com PDP, os sujeitos cujos sintomas não são suficientemente graves para preencherem os critérios da distímia, poderão não se diferenciar desse temperamento normal.

Clark e Watson (1999), num comentário ao artigo de Ryder e Bagby (1999) afirmam que, apesar de concordarem com os seus principais argumentos contra a inclusão da PDP em futuras edições do DSM, consideram que a argumentação destes autores é demasiado circunscrita e poderia ser estendida a muitas outras perturbações. Por outro lado, observam que, embora os critérios propostos por Ryder e Bagby para a inclusão da PDP como nova perturbação pareçam razoáveis, pode colocar-se a questão de saber se "alguma das perturbações existentes do eixo II sobreviveria se aplicássemos as pré-condições necessárias de Ryder e Bagby?" (p. 143)

De qualquer forma, Huprich (2001a) refere que, dada a frequência com que os clínicos são confrontados com pacientes cronicamente deprimidos, um entendimento mais aprofundado sobre a PDP, mas também sobre a distímia, tornar-se-ia benéfico para todos.

Segundo Ryder *et al.* (2002), ainda é demasiado cedo para se saber ao certo se a PDP tem a utilidade clínica necessária para ser incluída no DSM. Os proponentes da PDP como é definida actualmente, deverão mostrar que se trata de uma perturbação que causa um disfuncionamento clinicamente significativo e que não é já contemplada pelas categorias actuais. Deverão demonstrar também que o constructo fornece informação adicional útil, suficiente para justificar uma sobreposição empírica e conceptual relativamente elevada com a distímia. Segundo Ryder *et al.*, estes critérios não foram devidamente satisfeitos. Para Bagby *et al.* (2003), para a categoria passar a fazer parte do sistema em edições futuras, é crítico que possa ser distinguida clara e significativamente da distímia, requisito que até ao momento também não foi preenchido.

Sherman (1995) argumenta de um ponto de vista pragmático a favor da irrelevância em introduzir uma categoria de PDP no sistema oficial de classificação. Fundamenta a falta de utilidade clínica em definir uma personalidade depressiva diferente da distímia, porque na realidade os técnicos, provavelmente, nunca terão de realizar este diagnóstico diferencial. Se a PDP é egossintónica, os sujeitos, em princípio, não procurarão ajuda. Se a perturbação é egodistónica, então o sujeito será, muito provavelmente, tratado como se fosse um distímico.

Hirschfeld (1995) responde 'ao lado' a este pertinente comentário, afirmando que os dados do grupo de trabalho para as perturbações do humor do DSM-IV, bem como os resultados de outros estudos, demonstraram que os critérios da PDP permitem identificar um grupo de pacientes que se sobrepõe, mas não totalmente, com aqueles que sofrem de distímia, o que é de certeza clinicamente significativo. Afirmam que é desconhecido se a PDP é egossintónica ou não, mas que actualmente o carácter egossintónico não é requerido para o diagnóstico de uma perturbação da personalidade, nomeadamente da PDP e que, na verdade, muitos pacientes com estas perturbações procuram ajuda.

Markowitz *et al.* (2005), por seu lado, afirmam que a presença de perturbação depressiva da personalidade tem influência na evolução da perturbação depressiva *major* e que se trata, portanto, de um constructo com validade, mas que se podem levantar questões quanto ao seu curso, utilidade e medida, devido à sua instabilidade.

Se nas novas edições do DSM o sistema categorial se mantiver, nomeadamente no que se refere às perturbações da personalidade, então Bagby *et al.* (2003) sugerem que a PDP seja considerada um subtipo de distímia. Em trabalho anterior Bagby e Ryder (1999) referiam já que a PDP poderia ser conceptualizada como uma subcategoria da distímia. Mas uma solução bem mais indicada, mas também radical, seria conceptualizar a PDP juntamente com as restantes perturbações da personalidade, como se situando nos extremos relativamente à personalidade normal, em contínuos dimensionais (Bagby *et al.*, 2003). Acrescentam Bagby *et al.*, que um modelo dimensional poderá ser necessário tendo em conta o nível de sobreposição, problemático, entre as diferentes perturbações da personalidade e entre estas e as perturbações do eixo I.

Widiger (1999) afirma que colocar "os traços depressivos dentro da perturbação do humor, distímia, pode simplificar a nomenclatura, mas se calhar à custa de não reconhecer a real complexidade da psicopatologia" (p. 140). Na sua argumentação, é evidente a preferência por uma conceptualização dimensional da psicopatologia. O mesmo autor, em 1989 (Widiger, citado por Huprich, 1998), afirmava que se se mantivesse um sistema categorial, multiaxial, uma tarefa determinante seria verificar se a PDP era realmente distinta da distímia. Apesar disso, afirmava, ao rever a literatura teórica e empírica sobre a personalidade depressiva, que o conjunto de traços que compõe a PDP era internamente consistente e estava relacionado com o afecto.

Na mesma lógica, Coimbra de Matos (2001) afirma que, na distímia, que não passaria de uma depressão *minor*, exacerbam-se as características da personalidade depressiva e na depressão *major, esgotam-se* e *dissolvem-s*e pelo desenvolvimento do próprio processo depressivo, deixando *mais limpos* os períodos inter-episódicos, pelo que distinguir distímia de depressão *major* é de pouca importância (p. 17). E acrescentaríamos que também consideraria que distinguir PDP e distímia seria de pouca importância. Akiskal (1997) refere que a distímia é mais bem caracterizada como uma perturbação depressiva duradoura moderada, experienciada como fazendo parte do self, representando uma acentuação dos traços observados no temperamento depressivo. É uma forma mais sintomática deste temperamento.

Diferentemente, Klein e Miller (1997) afirmam, perante as evidências dos seus dois estudos, que os constructos de PDP e de distímia apesar de se sobreporem, não são conceitos isomórficos e que a PDP não é completamente abarcada pelas perturbações de humor existentes, pelo que a nomenclatura oficial deveria ser revista. Em sua opinião, haverá duas opções possíveis: ou incluir uma categoria para a personalidade depressiva, ou alargar os critérios da distímia de forma a abarcarem pacientes com personalidade depressiva que actualmente não recebem o diagnóstico de distímia.

O problema da distinção entre PDP e distímia pode relacionar-se com uma preocupação mais genérica relativa a diversos pares de diagnósticos, como já referimos, como a fobia social e a perturbação evitante da personalidade, ou a perturbação delirante e a perturbação paranóide da personalidade (Ryder *et al.*, 2002). Segundo Ryder *et al.*, muitas destas dificuldades classificatórias resultam de problemas com o eixo II e com a sua relação com o eixo I. Daí que vários autores, nomeadamente os que se debruçam sobre as perturbações da personalidade tenham proposto uma reconceptualização mais radical: uma visão dimensional para a psicopatologia.

Livesley (1999) reflecte no mesmo sentido de Ryder *et al.* (2002), afirmando que a proposta de inclusão da PDP trouxe problemas nosológicos complexos, específicos a este diagnóstico, mas levantou também questões mais gerais. Especificamente, coloca-se a questão da discriminabilidade relativamente a outros diagnósticos e a sua relação com as perturbações do humor, especialmente a distímia. De um ponto de vista mais geral colocam-se questões como a relação entre as perturbações da personalidade e outras perturbações mentais, a relação entre personalidade normal e patológica, que tipo de constructos devem ser utilizados para descrever a patologia mental, e de que forma as perturbações consideradas parte de um espectro devem ser incluídas num sistema global de classificação da patologia mental.

Relativamente ao debate distímia versus PDP, pode colocar-se a questão de saber qual o sentido de colocar uma como uma perturbação afectiva e outra como uma perturbação da personalidade, porque é que uma é afectiva e outra não? A questão da distinção entre distímia e perturbação depressiva da personalidade é, só por si, pensamos, estéril. Trata-se de tentar criar ou discutir uma fronteira entre duas entidades que na realidade, provavelmente, não existem de forma distinta. A depressão é muito mais bem conceptualizada como uma dimensão.

A propósito desta visão, não resistimos a referir a questão / reflexão de Huprich (1998). Se a dependência, os aspectos obsessivos e o masoquismo são componentes da personalidade depressiva, como mostram as descrições clínicas da escola psicodinâmica, então, questiona-se o autor, como poderão definir-se e distinguir-se as perturbações dependente, obsessivo-compulsiva e auto-destrutiva da personalidade da perturbação depressiva? Provavelmente não se podem distinguir claramente, respondemos, e se considerarmos grandes dimensões da psicopatologia em vez de quadros supostamente não sobrepostos, nem sequer se torna necessário. Trata-se, antes, de avaliar o grau em que um dado paciente se situa nestas e noutras possíveis dimensões. Curiosamente, já em 1990 Phillips *et al.* recomendavam que mais investigação deveria ser realizada no sentido de solidificar a distinção da PDP relativamente a outras perturbações da personalidade, as perturbações dependente, obsessivo-compulsiva e auto-destrutiva. E também não deixa de ser curioso que, em 2001, Huprich continue a afirmar que, apesar da PDP se poder discriminar da distímia, continua a ser necessária mais investigação, neste caso, para determinar as características que melhor as distinguem, de forma a que a validade e a utilidade da PDP possam ser completamente avaliadas.

Verificamos então que a história do conceito de personalidade depressiva foi iniciada pelos autores clássicos da escola psiquiátrica alemã, teve também um forte protagonismo em autores da escola psicanalítica e, mais recentemente, o conceito mereceu também o interesse de autores de outras escolas. Quanto à sua presença nos manuais de classificação, apesar de ter sido eliminado no DSM-III e no DSM-III-R, o conceito de perturbação depressiva da personalidade foi reintroduzido no anexo do DSM-IV, introdução envolta, no entanto, em polémica que se estendeu, entre outros aspectos, à questão da discriminabilidade relativamente à distímia. Apesar de existirem algumas evidências a favor da validade de constructo da PDP, a possível inclusão desta perturbação, como é definida actualmente, nos sistemas oficiais de diagnóstico não é de forma alguma consensual. Diversos autores põem em causa, a sua validade e utilidade clínica. Ou seja, para além de outros problemas com o diagnóstico da depressão, um deles tem a ver com a dificuldade em diagnosticar pacientes com características depressivas crónicas, duradouras, tipo traço. Mas no fundo, este problema não é único, é um dos vários inerentes ao DSM e aos sistemas categoriais em geral, ou seja, um problema da lógica categorial da classificação em psicopatologia, problemas que discutiremos no capítulo seguinte.

CAPÍTULO III

Dificuldades dos sistemas categoriais de diagnóstico na conceptualização da psicopatologia e da depressão

A importância e necessidade do diagnóstico psicopatológico parecem evidentes, nomeadamente para a definição do tratamento mais adequado. No entanto, a forma como se faz este diagnóstico é uma questão extremamente controversa (Blatt & Levy, 1998).

O objectivo principal dos manuais de diagnóstico e estatística das perturbações mentais (DSM) da Associação Psiquiátrica Americana (APA) é constituir um conjunto ateórico e fiável de critérios de diagnóstico. No entanto, segundo Jones (1998), o DSM apresenta falhas conceptuais importantes e não se mostra útil, como era seu objectivo, na resolução de problemas clínicos específicos. Outros autores (e. g. Frances *et al.*, 1991), sublinham que o DSM-IV reflecte um compromisso de interesses, e a classificação resultante parece representar um consenso de comités conseguido politicamente (Meehl, 1995). Segundo Clark, Watson e Mineka. (1995), o manual reflecte, provavelmente, quer princípios científicos, quer outras influências e consiste numa colecta de perturbações, não num sistema integrado de psicopatologia. Vários outros clínicos e investigadores, por exemplo Carson (1991), Blatt (1991), Chodoff (1986), Millon (1991) e Persons (1986), têm mostrado grandes reservas relativamente à abordagem do DSM às doenças mentais.

Existem diversas críticas que se podem fazer aos sistemas de classificação de tipo categorial em geral, e ao DSM em particular, críticas que apesar de distintas se relacionam entre si e têm a ver com a própria concepção de doença mental que está inerente a estes sistemas; considerarem a patologia mental à imagem e semelhança das doenças físicas, como um conjunto de entidades discretas com fronteiras bem delimitadas. Uma alternativa aos sistemas de classificação categoriais em geral e ao DSM em particular são os modelos dimensionais, que situam a patologia num conjunto de dimensões ou contínuos, não sendo esta qualitativamente diferente da normalidade, mas apenas quantitativamente diferente. Numa perspectiva dimensional, os critérios que determinariam a gravidade de um determinado caso seriam essencialmente critérios quantitativos, como a intensidade dos sintomas, a sua cronicidade e o seu carácter mais ou menos invasivo, ou seja, o grau em que perturbariam o sujeito e (ou) os outros.

Alguns investigadores afirmam que os problemas do DSM seriam resolvidos utilizando um sistema dimensional. No caso das perturbações da personalidade, por exemplo, apesar de haver alguma falta de consenso quanto a qual sistema adoptar, o Modelo dos Cinco Factores (FFM) tem, de facto, merecido cada vez mais acordo como sendo um enquadramento útil para a compreensão destas perturbações (Lima & Simões, 1998). O problema é que a investigação sobre o FFM, que apoia a sua adequabilidade para a compreensão da personalidade, baseia-se em métodos e modelos elaborados para investigar a personalidade normal (Lima & Simões, 1998), pelo que alguns se questionam sobre a sua aplicabilidade à psicopatologia, como é o caso de Carson (1993).

Entender o DSM na perspectiva de um modelo dimensional, como por exemplo, o FFM, é útil para explicar situações de co-morbilidade (Widiger & Costa, 1994). Ao contrário da lógica categorial, um modelo dimensional como o modelo dos cinco factores, pode, segundo estes autores, ajudar a explicar as semelhanças e diferenças entre patologias. Vejamos apenas um exemplo por eles apresentado. Existe grande co-morbilidade entre as perturbações narcísica, passivo-agressiva, paranóide e *borderline* da personalidade porque todas elas implicam facetas do antagonismo (baixa amabilidade), mas podem ser diferenciadas de alguma forma, porque cada uma delas envolve diferentes facetas desse factor.

A propósito das vantagens da lógica dimensional, não resistimos a apresentar a reflexão de Chodoff (1972). Afirma este autor, "que quanto mais sabemos sobre uma pessoa, mais incerteza sentimos quando lhe chamamos obsessivo, esquizóide ou histérico, apesar destas rubricas poderem ser aplicadas [com extrema facilidade]..., quando sabemos relativamente pouco sobre o indivíduo que está a ser classificado.... Podemos dizer que a tarefa de confinar as borboletas multi-coloridas e delicadamente sombreadas da personalidade na rede da classificação é suficientemente difícil, mas torna-se ainda mais formidável quando a rede que estamos a usar... é cheia de buracos" (p. 671). Não podíamos estar mais

Capítulo III – Dificuldades dos sistemas categoriais de diagnóstico   69

de acordo. Só quando não possuímos ou ignoramos informação sobre um dado paciente, é que o diagnóstico se nos apresenta evidente.

Apesar do DSM se assumir como um sistema categorial, na prática, de facto, acaba por não o ser totalmente, apresentando diversas características compatíveis sim, com uma lógica dimensional. É curioso notar pois, que apesar do DSM se apresentar como um sistema categorial, define, por exemplo, perturbação da personalidade como um conjunto de traços que "são inflexíveis e desadaptativos, causando incapacidade funcional significativa ou sofrimento subjectivo" (APA, 1994/1996, p. 648), o que paradoxalmente está em consonância com as perspectivas que conceptualizam as perturbações da personalidade como situando-se nos extremos dos traços de personalidade normal (Wiggins & Pincus, citados por Livesley, Jackson & Schroeder, 1992).

A definição de perturbação mental do DSM também não é condizente com a visão categorial da patologia assumida no manual, mas sim com uma visão dimensional. Uma perturbação mental "é um comportamento clinicamente significativo ou síndroma psicológica ou padrão que tem lugar num sujeito e que está associado com ansiedade actual (por exemplo, um sintoma doloroso) ou incapacidade (por exemplo, incapacidade em uma ou mais áreas importantes de funcionamento) ou com um significativo risco aumentado de sofrer morte, dor, incapacidade ou uma importante perda da liberdade". Segundo a APA (2000/2002, p. xxxi), não existe uma definição operacional única do conceito, sendo que diferentes definições poderão ser úteis em diferentes situações. Daqui se depreende, em nosso entender, que não haverá, na opinião da APA, uma forma clara de definir patologia como algo que se distinga qualitativamente do normal. Por outro lado, para além de um critério clínico, notamos facilmente que a definição da APA se baseia apenas nas possíveis consequências para o sujeito e para os outros, o que, uma vez mais, é condizente com uma lógica dimensional.

O próprio critério de significância clínica obrigatório para que seja atribuído qualquer diagnóstico é claramente compatível com uma lógica dimensional de classificação em psicopatologia. Igualmente, a apresentação e diferenciação de diversas categorias diagnósticas dentro de uma secção psicopatológica, por exemplo as perturbações do humor, apesar de aparentemente se coadunar com a lógica categorial, acaba por ser, sim, consentânea com uma lógica dimensional. Veja-se o exemplo das perturbações depressivas listadas no anexo das propostas de categorias diagnósticas que necessitam de estudo. O facto de se aceitar, ainda que como categorias provisórias e necessitando de mais investigação, a perturbação depressiva breve recorrente e a perturbação depressiva *minor* abona em favor de uma lógica dimensional. A primeira pode conceptualizar-se como uma perturbação depressiva *major* mais breve, variando desta dimensionalmente num contínuo temporal. Quanto à segunda, trata-se de uma depressão *major* com menos sintomas, menos grave, mas uma vez mais, não qualitativamente diferente. A necessidade de "gerar um número crescente de categorias de perturbação do humor pode ser o resultado de tentar impor um sistema categorial a um fenómeno que é essencialmente dimensional por natureza..." (Ryder & Bagby, 1999, p. 113). A introdução destas categorias parece reflectir o facto de não haver uma demarcação nítida entre uma síndroma depressiva clínica e os sintomas da população não clínica, remetendo para uma estrutura dimensional da patologia depressiva.

Vejamos apenas mais três exemplos. O que distingue a esquizofrenia da perturbação esquizofreniforme? A duração, um critério dimensional. O que distingue a perturbação de somatização da perturbação somatoforme indiferenciada? Fundamentalmente o número de sintomas, mais uma vez um critério dimensional. E o que distingue uma perturbação delirante de tipo hipocondríaco de uma perturbação hipocondríaca? A intensidade da convicção, uma vez mais, um critério dimensional.

Apresentamos agora algumas críticas específicas ao DSM e em alguns casos exemplificaremos com categorias diagnósticas apresentadas no manual, especialmente referentes às perturbações depressivas.

Os diferentes diagnósticos do DSM são meramente agrupamentos descritivos e superficiais de sintomas específicos. O facto das perturbações no DSM-IV não serem agrupadas de acordo com critérios teóricos, mas antes com base na semelhança entre os seus sintomas manifestos, tem levado a que vários críticos tenham posto em causa o critério fenomenológico como o princípio organizador mais importante (Clark *et al.*, 1995). A focalização excessiva nos sintomas manifestos, e os agrupamentos sintomáticos resultantes têm pouco a ver com os aspectos que, em última instância, mais interessam para o tratamento (Yalom, citado por Jones, 1998).

Genericamente uma visão centrada nos sintomas manifestos é sempre extremamente redutora. A polimorfia dos sintomas dificulta o diagnóstico nosográfico e a sua polissemia dificulta o diagnóstico etiopatogénico e desde logo prejudica a intervenção terapêutica (Coimbra de Matos, 2002). Este aspecto é por demais significativo. Mais do que o número de sintomas, deverá interessar ao clínico o seu significado na história do paciente, o grau de intensidade e cronicidade num contínum, o mesmo é dizer o sofrimento que causam ao sujeito. E interessa ainda avaliar outros aspectos como as defesas psíquicas, os recursos internos, o estilo de relação, as representações mentais, entre outros.

Veja-se o caso da depressão: do ponto de vista clínico ou psicopatológico, ao nível do diagnóstico, não interessará muito saber se o doente tem quatro, ou antes tem cinco sintomas e portanto preenche os critérios de diagnóstico, ou se a perturbação durou dois anos, ou apenas um ano e dez meses e portanto não é crónica, mas sim que tipo de sintomas prevalecem, o grau de perigosidade, que tipo de mecanismos de defesa o sujeito utiliza, o que origina ou pelo menos agrava os sintomas, a sua história de estruturação da personalidade e se predominam sintomas introjectivos, sintomas anaclíticos ou sintomas somáticos sem alterações evidentes do humor, numa depressão mascarada, entre outros aspectos. De alguma forma, parece também que os diagnósticos de depressão são irrelevantes para a terapêutica. A intervenção terapêutica, seja ela de tipo psicológico ou farmacológico será diferente se o sujeito preencher os critérios de diagnóstico para um episódio depressivo major ao nível sintomático (presença de cinco ou mais sintomas), ou contrariamente se apresentar apenas 4 sintomas? Obviamente que não.

Também se coloca o problema da falta de validade de critério das categorias diagnósticas (Jones, 1998). Veja-se que, apesar da ênfase do DSM nos critérios de diagnóstico precisos e operacionais, o manual não apresenta uma *regra de ouro* para definir a depressão. Ou seja, não define clara e objectivamente o que significa estar deprimido. Por outro lado, o manual permite que um dado paciente apresente apenas alguns sintomas da lista, ou seja, não é necessário estarem presentes todos os sintomas para se lhe atribuir um dado diagnóstico, nomeadamente de depressão (critérios politéticos). No entanto, existe uma evidência muito limitada da validade de constructo dos diferentes padrões possíveis resultantes da aplicação destes critérios politéticos. Além disso, e ainda segundo Jones (1998), a validade de critério tem de ser tida em conta para saber se os conjuntos de sintomas propostos são os indicadores mais válidos das várias formas de depressão e se estas existem de facto enquanto entidades patológicas distintas.

Curiosamente, apesar do sistema se centrar excessivamente nos sintomas manifestos, salienta apenas o seu número, dando muito pouco relevo à intensidade dos sintomas. É certo que faz a ressalva que mesmo no caso de um paciente não apresentar o número de sintomas necessários de acordo com os critérios de diagnóstico, se a apresentação clínica for suficientemente disfuncional, o diagnóstico pode ser atribuído. Mas pensamos que não é suficiente. A avaliação da intensidade dos sintomas é tão importante como a avaliação do seu número. O que é mais grave, um paciente com cinco sintomas depressivos ligeiros ou outro, com apenas dois, mas graves?

Acresce a arbitrariedade dos pontos de corte (Barnett & Gotlib, citados por Ryder, Schller & Bagby, 2002) e a tendência para se ficar prisioneiro de pontos de corte rígidos. As evidências empíricas são a favor de uma continuidade entre a personalidade normal e a personalidade perturbada, não a de uma descontinuidade. A utilização de um modelo dimensional permite que se possam descrever inúmeras combinações de traços ou sintomas individuais, sem obrigar os clínicos e os investigadores a decisões *binárias* ou a aplicar regras artificiais de exclusão hierárquica para realizar diagnósticos. A ideia de ponto de corte está directamente ligada à existência de critérios politéticos, também ela criticável. Sendo os critérios politéticos, pressupõem supostamente maior flexibilidade, ou seja, que o sujeito não tenha de apresentar todos os sintomas, mas apenas um número mínimo, para que lhe seja atribuído um dado diagnóstico. Mas os pontos de corte são artificias e o resultado de consensos, mais do que de estudos empíricos e as diferentes configurações sintomáticas que resultam da aplicação deste tipo de critérios, carecem, em muitos casos, de estudos de validade.

Acresce que os diagnósticos do DSM-IV tenderiam implicitamente, como recomendação para o tratamento, a enfatizar a melhoria dos sintomas, sendo que se pode legitimamente pensar que a melhoria no funcionamento geral e interpessoal implica mais do que uma focalização nos sintomas mais óbvios (Jones, 1998).

Por outro lado, apesar do DSM-IV se assumir como ateórico, tem uma visão implícita sobre o tratamento. Por exemplo, como refere Jones (1998), é comummente aceite que as perturbações do eixo I respondem aos medicamentos, mas as perturbações do eixo II não. Para citar mais uma vez o exemplo da depressão, ela é vista como uma entidade mórbida específica, com uma etiologia específica o que, por sua vez, implica um tratamento também específico. No entanto, a investigação não tem mostrado nenhuma associação clara entre depressão e sucesso com um determinado tipo de tratamento. Segundo Gabbard (citado por Jones, 1998), a abordagem diagnóstica do DSM não permite que se distingam as depressões que podem ter um bom prognóstico em termos psicoterapêuticos das que não o terão, e não é particularmente útil para identificar os casos de depressão com maior risco de cronicidade ou de recorrência, ou ainda os casos refractários ao tratamento (Mintz, Mintz, Arruda & Hwang, 1992).

Diversos autores (e. g. Carson, 1991; Blatt & Levy, 1998) destacam ainda a excessiva preocupação com questões de precisão, nomeadamente inter-avaliadores, em detrimento da validade. Quer isto dizer que dois observadores têm elevada probabilidade de obter o mesmo diagnóstico avaliando o mesmo paciente; resta saber exactamente qual é a validade desse diagnóstico; o que é que estão realmente a avaliar. Determinada configuração de características psicopatológicas existe de facto enquanto constructo autónomo?

Mas verdadeiramente, não há uma teoria compreensiva que esteja por detrás da classificação do DSM-IV-TR e que justifique muitos dos agrupamentos sintomáticos apresentados. Não vamos aqui alongar-nos relativamente a este ponto. Apenas dizer, que em ciência, tentar apenas descrever, é pouco. É preciso tentar compreender. A teoria preenche várias funções Ela tem uma função organizativa e integrativa que permite compreender e organizar de forma sistemática, fenómenos muito ricos, complexos e muitas vezes inconsistentes. São elas que têm uma função de predição do comportamento. As teorias facultam hipóteses explicativas.

Livesley *et al.* (1992), referem ainda uma outra crítica que se pode efectuar ao DSM: a de que muitos dos diagnósticos do DSM são constructos globais, o que limita o seu valor descritivo e pode levar à identificação de grupos de sujeitos que embora apresentem o mesmo diagnóstico, são extremamente diferentes do ponto de vista comportamental e, acrescentaríamos, intra-psíquico. Ou seja, os diagnósticos do DSM são categorias muito heterogéneas e apresentam diferentes níveis de complexidade e abrangência, havendo na opinião de Widiger e Sanderson (citados por Widiger *et al.*, 1999) uma grande heterogeneidade nos traços de personalidade relevantes nas pessoas que partilham o mesmo diagnóstico.

Um exemplo paradigmático é apresentado por Clark *et al.* (1995) quando referem que dois sujeitos podem ser diagnosticados com uma perturbação *borderline* da personalidade, apresentando, em comum, apenas um traço. Veja-se porquê. Para que se possa atribuir este diagnóstico, o sujeito tem de apresentar, pelo menos, cinco traços entre nove possíveis e, portanto, dois sujeitos podem ser completamente diferentes do ponto de vista do funcionamento da personalidade, terem quatro características distintas e manterem apenas uma em comum e serem ambos considerados *borderline*. Como referem Ryder *et al.* (2002), os sistemas categoriais só fornecem duas possibilidades. A informação sobre os traços específicos presentes num dado paciente é rapidamente ofuscada pela preocupação com a presença *versus* ausência de uma dada categoria. Várias configurações de traços muito diferentes do ponto de vista psicológico podem dar origem ao mesmo diagnóstico.

As diferentes categorias não se situam todas ao mesmo nível conceptual. Não se podem colocar, em nossa opinião, por exemplo, as perturbações do humor ao mesmo nível das perturbações do comportamento alimentar, mesmo que fosse correcto classificar a patologia de forma categorial. As primeiras são sinónimo de sofrimento mental e contêm em si mesmas aspectos intrapsíquicos importantes e de diferentes tipos. A depressão, no sentido lato, pode mesmo ser tomada como paradigma para compreender muitas formas de psicopatologia (Coimbra de Matos, 2001). É um fenómeno complexo e lato. Não beneficia de uma descrição apenas sintomática, o que pode já não ser verdade para as perturbações do comportamento alimentar. A definição das perturbações do comportamento alimentar tem a ver, apenas, com aspectos de comportamento e parece remeter para uma lógica de classificação bastante diferente.

Decorre do discutido no ponto anterior um aspecto que consideramos central e que tem a ver com o significado dos sintomas, aspecto que é obviamente descurado nos manuais de diagnóstico de tipo descritivo. Porque é que o paciente apresenta uma dada configuração específica de traços ou sintomas dos que são possíveis para a atribuição de um dado diagnóstico? Qual é o significado dessa configuração à luz de outros aspectos do funcionamento psicológico do sujeito e da sua história passada? Os sintomas não aparecem por acaso, têm um significado, precisam de ser compreendidos. Não podem ser vistos, repito, não podem ser vistos num sentido médico, por exemplo, como um valor de glicemia elevado poder ser provavelmente sinónimo da presença da *diabetes*.

Capítulo III – Dificuldades dos sistemas categoriais de diagnóstico 75

Um outro aspecto, que de certa forma decorre da questão da heterogeneidade intra-diagnóstico tem a ver com o uso abusivo da categoria *Sem Outra Especificação* (e. g. Livesley *et al.*, 1992), quando a apresentação sintomática tem características de uma dada secção diagnóstica, por exemplo, de uma perturbação depressiva, mas não preenche os critérios para uma quadro diagnóstico específico. Na realidade, o facto dos sintomas de alguns pacientes não encaixarem em nenhuma das categorias existentes, tornou necessário introduzir categorias tipo *caixote do lixo* como *Perturbação Depressiva Sem Outra Especificação* (Barraclough & Gill, 1996/1997).

Mas esta questão não é meramente científica, ela remete, em ultima instância para questões éticas e pragmáticas. Nos EUA este aspecto pode ter efeitos perversos, porque pode, por exemplo, ser a diferença entre ser ou não tratado, dado que os seguros restringem o apoio apenas a certas categorias de diagnóstico consideradas pesadas.

Curiosamente, as categorias sem outra especificação não são mais do que as próprias categorias diagnósticas, mas relativas a apresentações clínicas com menos sintomas. Vejamos um exemplo bem elucidativo do DSM: Um dos exemplos dados para a rubrica *perturbação do comportamento alimentar sem outra especificação* é o de estarem presentes todos os critérios de diagnóstico da anorexia nervosa, excepto a amenorreia. Suponhamos que uma dada adolescente apresenta esta configuração de sintomas. Ela tem uma anorexia sem amenorreia, ou tem uma perturbação do comportamento alimentar sem outra especificação? Faz alguma diferença? Qual será a importância de rotular? Para um doente, nenhuma! Parece haver uma necessidade quase obsessiva de categorizar, de dicotomizar a realidade clínica, logo, necessariamente, de a distorcer

Na mesma linha de raciocínio, pode pensar-se na questão das categorias residuais. Como é que num sistema categorial pode fazer sentido existirem categorias deste tipo, como é claramente o caso das perturbações da adaptação? Só pode atribuir-se este diagnóstico quando não são preenchidos os critérios para nenhuma outra perturbação. Então mas estas perturbações existem enquanto entidade diagnóstica no quadro mais vasto de uma organização, ainda que apenas descritiva, da psicopatologia, independentemente das outras categorias, ou só existem quando não está presente mais nenhum outro quadro clínico? Se Adolf Meyer, contemporâneo de Kraepelin, introdutor do termo *reacção* e precursor, no fundo, de toda a tradição da utilização das designadas perturbações reactivas pudesse ler o DSM, o que pensaria?

Um aspecto crítico muito discutido na literatura e decorrente directamente da lógica de classificação categorial, talvez o mais discutido, é o problema da co-morbilidade, quer entre as diferentes perturbações da personalidade entre si, quer entre as perturbações da personalidade e as perturbações do eixo I, quer ainda entre diferentes perturbações do eixo I. Um exemplo muito referido deste último caso, é o da elevada co-morbildiade entre depressão e ansiedade. Ou o caso da chamada depressão dupla, em que episódios depressivos major se sobrepõem a uma depressão crónica (distímia). Carson (1991) afirma precisamente que a questão que se pode colocar é, como é que num sistema taxonómico os dados clínicos de um paciente podem conduzir à pertença a diferentes classes diagnósticas dentro de um mesmo nível (eixo) lógico, por exemplo, como ocorre na referida depressão dupla.

A depressão apresenta uma elevada co-morbilidade com a ansiedade, sendo esta última a perturbação do eixo I que mais frequentemente acompanha a depressão (Chappa, 2003). A observação rotineira de que os afectos ansioso e depressivo estão presentes, muitas vezes, no mesmo indivíduo reflecte-se na utilização do termo *depressão ansiosa* ou *depressão agitada* (Jones, 1998) Como refere Chappa (2003), a diferenciação entre ansiedade e depressão constitui uma dificuldade reconhecida desde há muito tempo.

A confusão entre ansiedade e depressão em termos de diagnóstico pode dever-se ao facto dos termos ansiedade e depressão poderem ser utilizados como referindo-se a níveis diferentes de significado (Jones, 1998). Podem ser considerados estados de humor normais que podem mudar para estados patológicos mais intensos ou prolongados. Podem ser considerados apresentações clínicas (síndromas) que envolvem outros sintomas não afectivos, como por exemplo sintomas que resultam da activação do sistema vegetativo, e ainda podem ser vistos como diagnósticos clínicos específicos como distímia, perturbação de ansiedade generalizada, etc.

No entanto, segundo Jones (1998), a confusão não pode dever-se apenas a questões de linguagem. O DSM-IV considera a ansiedade e a depressão como fenómenos distintos, mas o problema é que existem evidências a favor de modelos mais dimensionais (e. g. Clark & Watson, 1991). O modelo dimensional de Clark e Watson (1991), bem como outros, como por exemplo o modelo dos cinco factores, podem ajudar a explicar a elevada 'co-morbilidade' entre ansiedade e depressão.

Capítulo III – Dificuldades dos sistemas categoriais de diagnóstico 77

Especificamente no que respeita às perturbações do II, Ryder *et al.* (2002) sumariam diversas dificuldades com base na opinião de diferentes autores: dificuldade em diferenciar os traços das diferentes perturbações, baixos níveis de precisão inter-avaliadores, níveis inaceitáveis de sobreposição, falta de utilidade e compreensibilidade do sistema no apoio ao trabalho clínico e ainda, o defender-se a ideia de que existem diferentes entidades discretas, categoriais.

O diagnóstico das perturbações do eixo II traz a lume um dos problemas teóricos e metodológicos centrais com o sistema classificativo do DSM, referido por vários autores, o de que o DSM deveria permitir classificar os pacientes em termos de entidades categoriais mutuamente exclusivas, o que na realidade não acontece. Relativamente às perturbações da personalidade, a investigação tem mostrado que cada paciente *cai* em média em quatro das 11 categorias (Lima & Simões, 1998). Segundo Livesley *et al.* (1992), os diagnósticos múltiplos serão a norma, porque não existe uma fronteira bem definida entre as perturbações do eixo II e entre estas e os extremos da personalidade normal. A visão do DSM das perturbações da personalidade como síndromas, entidades ou constructos categoriais, assenta, no fundo, num modelo médico das perturbações mentais (Shea, Widiger & Klein, 1992). No entanto, Shea *et al.* afirmam que é questionável se estes constructos representam entidades válidas, sendo que muitos autores enfatizam "quer a natureza contínua dos traços identificados, quer a probabilidade de existirem dimensões mais básicas subjacentes a estas perturbações" (p. 858).

Por outro lado, há o problema da distinção entre eixo I e eixo II, especialmente uma sobreposição empírica muito levada entre as perturbações afectivas (eixo I) e certas perturbações da personalidade (eixo II), e entre os próprios critérios de diagnóstico (sobreposição teórica ou conceptual).

Koenigsberg, Kaplan, Gilmore e Cooper (1985) verificaram que 23% dos pacientes com depressão *major* e 34% dos pacientes com distímia, também recebiam um diagnóstico de perturbação da personalidade. Os tipos de perturbação da personalidade mais frequentes eram a *borderline*, esquizotípica, passivo-agressiva e dependente. Segundo Shea *et al.* (1992) as perturbações da personalidade mais frequentes em co--morbilidade com a depressão dependem do tipo de amostra: pacientes internados ou em ambulatório. No primeiro caso, são as perturbações *borderline* e histriónica que apresentam níveis mais elevados de co-morbilidade com a depressão. No segundo caso, parecem ser as perturbações obsessivo-compulsiva, evitante e dependente. Outros estudos mostram, igualmente, elevados níveis de co-morbilidade. Markowitz, Moran, Kocsis e Frances (1992) referem que os distímicos são mais propensos a apresentarem depressão *major*, fobia social e perturbações da personalidade evitante, dependente e *borderline*, sendo que, no seu estudo, a distímia de início precoce precedeu o surgimento das perturbações em co-morbilidade referidas. Também Flick, Roy-Byme, Cowley, Shores e Dummer (1993) referem que as pessoas com distímia têm maior probabilidade de sofrerem de perturbações da personalidade. No seu estudo, as perturbações mais frequentes eram a paranóide, evitante, obsessivo-compulsiva e *borderline*. Perry (citado por Chappa, 2003) verificou que, numa amostra de pacientes *borderline*, todos apresentavam, concomitantemente, distímia. Este último quadro é também extremamente frequente em sujeitos com perturbações de comportamento, nomeadamente adolescentes (Burket & Meyers, 1995). Brieger e Marneos (1997), num comentário ao estudo de Riso *et al.* (1996), afirmam que este estudo mostra uma relação muito próxima e uma frequente co-morbilidade entre distímia de início precoce e perturbações da personalidade do *cluster* B (perturbações anti-social, *borderline*, histriónica e narcísica da personalidade), especialmente a perturbação *borderline*.

Várias explicações têm sido propostas para dar conta do problema da co-morbilidade. Assim, Shea *et al.* (1992), centrando-se especialmente na co-morbilidade entre depressão e perturbações da personalidade, consideram várias possibilidades. Esta co-morbilidade pode dever-se a um artefacto de definição e de sobreposição dos critérios. Este aspecto é, por exemplo, segundo aqueles autores, muito evidente no par perturbação da personalidade evitante e fobia social. A co-morbilidade elevada também se poderia dever simplesmente ao acaso ou a factores não etiológicos, como por exemplo, o comportamento de procura de tratamento, comum às diferentes patologias. Ainda segundo Shea *et al.* (1992), os modelos de relação entre personalidade e depressão, etiológicos e de espectro, que serão referidos no capítulo IV, poderiam também ajudar a explicar a elevada co-morbilidade entre perturbações do eixo I e do eixo II.

Angst (citado por Chappa, 2003c) chama a atenção para o facto da associação de vários diagnósticos se poder dever à forma de os realizar, e para a necessidade de precisar mais os critérios de diagnóstico antes de se poder falar em co-morbilidade.

Widiger (citado por Jones, 1998) sugere que a elevada co-morbilidade entre as perturbações do humor e a perturbação *borderline* pode ser um artefacto resultante da sobreposição de critérios. No entanto, outra explicação pode ser a de que as fronteiras conceptuais entre as categorias diagnósticas não são claras.

Mais do que à falta de precisão dos critérios de diagnóstico, pensamos que a co-morbilidade se deve ao facto de se tentar categorizar variáveis que são, por natureza, contínuas e dimensionais. Assim, por exemplo, a perturbação *borderline* da personalidade pode ser caracterizada em termos do modelo dos cinco factores como associando-se a uma baixa amabilidade (antagonismo) e a um elevado neuroticismo. (Widiger & Costa, 1994). Em nossa opinião, talvez por ser caracterizada por este último traço (elevado neuroticismo), no fundo de vulnerabilidade ao sofrimento mental, apresente uma elevada co-morbilidade, por exemplo, com a distímia que é igualmente caracterizada por um elevado neuroticismo.

Widiger e Shea (1991) afirmam que no DSM existem distinções arbitrárias entre as perturbações do eixo I e do eixo II, como por exemplo, entre as perturbações do humor e a perturbação borderline da personalidade. Widiger (citado por Huprich, 1998) refere que a distinção categorial entre uma perturbação afectiva e uma perturbação da personalidade pode ser ilusória e arbitrária. Huprich (1998) refere que muitos dos sintomas presentes nas perturbações afectivas, também estão presentes em algumas perturbações da personalidade.

Por outro lado, é tautológico tirar conclusões sobre os correlatos de personalidade das perturbações afectivas, quando critérios afectivos fazem também parte das definições de algumas das perturbações do eixo II (Widiger, citado por Klein *et al.*, 1993). Outra questão relacionada e importante é saber em que grau os traços de personalidade observados nas perturbações sub-afectivas, como por exemplo a distímia, ou a personalidade *borderline*, são empírica e conceptualmente diferentes de sintomas afectivos moderados (Klein *et al.*, 1993). Brieger e Marneos (1997) salientam a dúvida quanto a incluir em eixos diferentes as doenças sub-afectivas e as perturbações da personalidade, devido à grande co-morbilidade entre ambas.

O que se verifica é que as limitações das abordagens diagnósticas actuais à depressão têm sido frequentemente minimizadas conduzindo à ilusão de que o fenómeno depressivo está total e definitivamente compreendido. No entanto, até na escola psiquiátrica biológica há quem considere as categorias nosológicas do DSM inadequadas, como é o caso de Akiskal (1983, 2000), para a distímia em particular e para as perturbações afectivas em geral. Na verdade, Judd e Akiskal (2000) afirmam que a divisão da depressão em subtipos é confusa e baseia-se em convenções histórias e não em divisões naturais. Segundo Akiskal (2000), uma forma mais adequada de classificar as perturbações do humor é olhá-las como parte de um espectro que resulta de predisposições temperamentais.

Ao contrário de Kraepelin e Kretschmer, Schneider considerava que perturbações afectivas e perturbações da personalidade eram, de facto, diferentes entidades diagnósticas, sendo que o DSM-IV, segundo Akiskal (2000), segue claramente as orientações de Schneider, possibilitando que pacientes com inegáveis perturbações da regulação do humor recebam etiquetas como personalidade histriónica ou *borderline*. Uma classificação baseada no temperamento dá melhor conta, em sua opinião, de situações de co-morbilidade, descritas no DSM-IV como depressão associada a perturbações da personalidade de tipo dramático, como, por exemplo, histriónico, borderline ou narcísico.

Segundo Jones (1998), uma das principais críticas à abordagem do DSM à depressão é que esta patologia pode ser mais bem conceptualizada como um contínuo, uma dimensão, e não como uma categoria ou conjunto de categorias: a depressão pode ser vista como uma exacerbação dos traços e comportamentos normais, variando num contínuo entre um humor ou estado afectivo ligeiro, 'normal', até estados prolongados ou recorrentes graves. Mas como dissemos, as entidades oficiais (por exemplo, as seguradoras e os hospitais) tendem a pressionar no sentido da atribuição de um rótulo específico.

Os psicopatologistas têm, cada vez mais, defendido o abandono dos sistemas categoriais actuais em favor de uma lógica dimensional em que a sintomatologia é avaliada num contínuo de gravidade (Clark *et al.*, 1995). Segundo Gough (citado por Jones, 1998), a investigação clínica em Psicologia, mais distante do DSM do que a investigação psiquiátrica, tem mostrado que a patologia mental é mais bem conceptualizadas através de modelos não categoriais, dimensionais ou circumplexos. Postular um modelo categorial da patologia, na opinião de Jones, implica encontrar descontinuidades entre os que são diagnosticados e os que não são. A investigação não apoia, na sua maioria, esta ideia. Existem, de facto, continuidades ao longo das categorias diagnósticas e muitos dos indivíduos de amostras não clínicas *caem* na mesma área das distribuições de resultados de medidas psicológicas diversas dos sujeitos das amostras clínicas.

Note-se no entanto que o termo dimensional pode ser utilizado em diferentes contextos. Embora se reconheça facilmente o valor de uma abordagem dimensional para perturbações específicas ou para classes de perturbações, a tarefa de desenvolver um sistema global baseado em dimensões é extremamente complexa (Clark *et al.*, 1995). Segundo Clark *et al.*, é necessário averiguar se um conjunto único de dimensões é adequado para descrever o domínio global da psicopatologia, ou se se devem considerar diferentes conjuntos de dimensões para diferentes secções psicopatológicas. E mesmo que a primeira opção seja a mais viável, será necessário saber quais serão as dimensões mais válidas para objectivos classificatórios.

O que parece, apesar de tudo, verdade é que muitas das limitações das abordagens diagnósticas actuais da psicopatologia têm sido frequentemente minimizadas por diversos autores, conduzindo à ilusão de que o fenómeno psicopatológico está quase total e definitivamente compreendido, como criticavam Blatt e Levy (1998) a propósito do surgimento do DSM-IV. Referem que muitos consideravam erradamente que as principais categorias psicopatológicas já tinham sido diferenciadas e que, portanto, o que era necessário eram apenas mais algumas pequenas afinações. Não podíamos estar mais em acordo com estes autores. Na altura da construção do DSM-IV, Carson (1991) afirmava precisamente que "… o perigo actual é que o DSM-IV resulte meramente em apenas mais algumas pequenas reparações num nível superficial nos critérios de diagnóstico que tendem, com o tempo, a atingir o estatuto de verdades reveladas, não obstante a sua frequente e patente natureza arbitrária e a falta de produtividade dos seus resultados" (p. 304). Parece que as suas preocupações eram fundadas!

Sem termos sido exaustivos, tentámos apresentar neste capítulo as principais limitações que os sistemas de classificação categoriais, como é o caso do DSM, apresentam. Como já afirmámos, uma abordagem dimensional à psicopatologia em geral e à depressão em particular apresenta vantagens, abordagem que apresentarmos nos capítulos seguintes. Falaremos também dos modelos de relação entre depressão e personalidade.

CAPÍTULO IV

Personalidade e depressão

Neste capítulo discutiremos os diferentes tipos de modelos de relação entre personalidade e depressão para que no capítulo seguinte possamos apresentar alguns exemplos de modelos dimensionais da depressão. De facto, os modelos dimensionais têm subjacente a ideia da existência de uma relação muito próxima entre personalidade e psicopatologia em geral, ou entre personalidade e depressão, em particular.

1 – Modelos de relação entre personalidade e depressão

Existem várias modelos teóricos quanto à relação existente entre personalidade e psicopatologia em geral e entre personalidade e depressão em particular.

A relação entre personalidade e depressão foi frequentemente descrita, mas só nas últimas décadas se realizaram estudos empíricos. É uma questão controversa em que nem sempre existe acordo entre os diferentes autores (González & Jiménez, 1999).

Akiskal *et al.* (1983) conceptualizam quatro tipos de relação entre personalidade e doença afectiva: etiológica, segundo os autores a mais comummente discutida e defendida por comportamentalistas e psicodinâmicos, patoplásticas, de espectro e de complicação.

Phillips *et al.* (1990) referem seis aspectos da relação entre depressão e personalidade: existem traços pré-mórbidos de personalidade que podem predispor à depressão, existem traços de personalidade pós--depressivos, existem perturbações da personalidade que coexistem com a depressão, existem traços de personalidade que coexistem com a depressão, existe um efeito patoplástico da personalidade sobre a depressão e, finalmente, existem traços depressivos normais na personalidade. Estes últimos traços seriam estáveis, ligados ao humor depressivo (por exemplo ser muito crítico de si próprio) e são "considerados variantes do normal e não formas atenuadas de doença afectiva ou perturbação da personalidade. Estes traços podem ou não predispor o indivíduo à depressão" (p. 830).

Frank *et al.* (citados por Gilbert, 1992), referem quatro tipos possíveis de relações entre personalidade e depressão, semelhantes aos propostos por Akiskal *et al.*. Determinadas características da personalidade poderiam predispor à depressão, a personalidade modificaria a doença afectiva, a perturbação da personalidade seria uma complicação da doença afectiva e a patologia da personalidade representaria uma forma ou expressão atenuada da doença afectiva.

Klein *et al.* (1993), por seu lado, postulam cinco tipos de modelos que relacionam personalidade e depressão: modelos de causa comum, modelos de espectro ou sub-clínicos, modelos de predisposição ou vulnerabilidade, modelos patoplásticos e de exacerbação e modelos de *cicatriz* ou complicação, para além dos modelos que afirmam que os conceitos são independentes.

Millon (1996) fala em três grandes tipos de relações possíveis entre personalidade e psicopatologia, as de patoplasticidade, as de espectro e as etiológicas. Também Widiger *et al.* (1999) referem que se podem postular os mesmos tipos de relação entre personalidade e depressão.

Mais especificamente, no que diz respeito à relação entre personalidade depressiva e depressão clínica, González e Jiménez (1999) postulam seis tipos de modelos que dariam conta das relações possíveis entre os dois conceitos e que acabam, também, por se poder aplicar de forma mais genérica à relação entre personalidade e depressão, proposta que se assemelha à de Klein *et al.* (1983). Há modelos que postulam que os dois conceitos são independentes, outros modelos baseiam-se na ideia de que existiria uma causalidade comum, outros ainda postulam que a personalidade predisporia à depressão, um quarto tipo de modelos são os de espectro, outros baseiam-se no conceito de patoplastia ou exacerbação e, finalmente, há modelos que postulam que é a depressão que causa uma alteração, no sentido negativo, na personalidade.

De qualquer forma, Klein *et al.* (1993) afirmam que a distinção entre diferentes modelos é fluida e difícil de definir, por exemplo, entre modelos patoplásticos e de vulnerabilidade, e que consoante a circunstância, um ou vários modelos poderão ser mais adequados. Por exemplo, a personalidade evitante e dependente podem constituir factores de risco para o aparecimento da depressão, porque partilham uma ênfase em preocupações com questões relacionais, enquanto algumas perturbações do *cluster* B do DSM, como a perturbação histriónica, podem alterar a apresentação da depressão, mais do que causá-la directamente. Por outro lado, salientam que é por vezes extremamente difícil testar empiricamente vários aspectos dos diferentes modelos, apesar de todos eles terem aspectos que teoricamente fazem sentido.

Muitas vezes o que parece acontecer é que quando olhamos para um determinado modelo, verificamos que partilha de forma muito subtil aspectos com outro e que se torna muito difícil distingui-los em termos práticos. De qualquer forma, seguiremos aqui mais de perto a formulação de Klein *et al.* (1993) e examinaremos os modelos patoplásticos e de exacerbação, de predisposição, etiológicos ou de vulnerabilidade, de cicatriz ou de complicação e ainda de causa comum e de espectro ou sub-clínicos.

1.1 – *Modelos patoplásticos e de exacerbação*

A influência da personalidade na manifestação da psicopatologia é frequentemente caracterizada como uma relação patoplástica. Mas, na verdade, também a influência inversa se pode caracterizar como de tipo patoplástico. A personalidade não só pode influenciar a expressão sintomática da patologia, o tratamento e o curso dessa mesma patologia, como a própria doença pode, secundariamente, influenciar a personalidade (Widiger *et al.*, 1999).

Segundo Klein *et al.* (1993), os modelos patoplásticos assumem que personalidade e depressão são etiologicamente diferentes, mas que, quando ocorrem simultaneamente, se verificam interacções entre as suas características, influenciando cada uma a apresentação sintomática da outra. A personalidade pode colorir a forma como o afecto depressivo é expresso e experienciado. A depressão pode interagir com certos traços de personalidade e influenciar o comportamento e a cognição.

Os modelos de exacerbação, por outro lado, partilham as mesmas características dos modelos patoplásticos só que propõem de forma mais específica que a presença de uma condição influencia a gravidade ou a evolução clínica da outra (Klein *et al.*, 1993).

Por exemplo, e de acordo com um modelo patoplástico, a depressão que é experimentada por um tipo sociotrópico (Beck, 1983) ou anaclítico (Blatt, 2004) será caracterizada provavelmente por sentimentos de perda, privação e solidão, enquanto a depressão expressa por um introjectivo será provavelmente caracterizada por sentimentos de fracasso, culpa e auto-desvalorização. Um outro exemplo é o de que um traço de extroversão pode associar-se a um funcionamento social mais ajustado do sujeito quando deprimido. Ranjith, Farmer, McGuffin e Cleare (2005) verificaram que o traço de personalidade extroversão, medido pelo Inventário de Personalidade de Eysenck, era um bom preditor da qualidade do funcionamento social apresentado por sujeitos quando deprimidos.

Também é sabido que uma característica perfeccionista da personalidade se relaciona com piores resultados no tratamento da depressão, embora os sujeitos com elevado grau de perfeccionismo tendam, com maior probabilidade, a completar esse tratamento (Blatt, Zuroff, Quinlan & Pilkonis, 1996). A revisão da literatura revela consistentemente que, em geral, a presença de determinadas características disfuncionais ou de perturbações da personalidade pode prejudicar o tratamento de diversas perturbações do eixo I, nomeadamente a perturbação depressiva *major* (e. g. Reich & Green, 1991; veja-se também Frances, citado por Widiger *et al.*, 1999).

Para Millon (1996), a personalidade pode exercer um efeito patoplástico na depressão, ou seja colorir ou moldar a sua expressão sintomática. Dependendo dos traços pré-mórbidos, os sintomas depressivos poderiam servir diferentes objectivos (ganhos secundários) ou ter diferentes significados, por exemplo, conseguir o suporte dos outros num indivíduo com traços pré-mórbidos de dependência. Também Weiner (citado por Klein *et al.*, 1993) salienta que os mesmos sintomas depressivos poderão ter diferentes significados em diferentes contextos interpessoais. Dependendo dos objectivos, os sintomas tomariam diferentes formas (Millon, 1996).

Millon (1996) vê a depressão como um contínuo e como uma síndroma multifacetada que pode ocorrer em qualquer tipo de personalidade. A visão de uma personalidade única que predisporia à depressão, e mesmo de diferentes tipos predisponentes, como são os propostos por Arietti e Bemporad (1980), Beck (1983) ou Blatt (2004), seria para ele insuficiente.

Por outro lado, não só a personalidade pode influenciar a apresentação da depressão, como a depressão ou outras patologias, como por exemplo a esquizofrenia, podem influenciar a aparência da personalidade pré-mórbida e também a sua avaliação. A investigação tem mostrado que determinados estados de humor como a depressão ou determinados acontecimentos de vida negativos podem influenciar a avaliação de numerosos traços ou características de personalidade (e. g. Bartelstone & Trull, 1995; Ouimette & Klein, 1993; Robins, 1995). Por exemplo, as pessoas deprimidas tendem a descrever-se de forma mais negativa do que na realidade são (Widiger, 1993). Há assim, talvez possamos dizer, uma distorção patoplástica do auto-relato, da auto-descrição, secundária a um estado afectivo. Hirschfeld, *et al.* (1983) verificaram que o estado depressivo influenciava fortemente a avaliação do neuroticismo e da extroversão, mesmo quando os sujeitos recebiam instruções explícitas para responderem como eram geralmente ou quando se encontravam bem. Também Liebowitz *et al.* (citados por Schrader, 1994) verificaram que o estado afectivo influenciava a avaliação de traços de personalidade, mesmo quando as instruções pediam expressamente que o sujeito respondesse de acordo com a sua forma habitual de ser. Akiskal *et al.* (1983) chamam também a atenção para o facto do estado afectivo poder imprimir uma *coloração transitória à personalidade* e influenciar também a percepção das características passadas da personalidade. Shea *et al.* (1992) referem que a presença de um episódio afectivo pode influenciar, quer a apresentação da personalidade, quer o relato do sujeito. Akiskal (citado por Schrader, 1994; veja-se também Akiskal, 1997) refere que a experiência de um estado afectivo pode não deixar os traços de personalidade pré-mórbidos inteiramente intactos e Hirschfeld *et al.* (1989) referem que os episódios depressivos podem exacerbar traços pré-mórbidos de neuroticismo.

1.2 – *Modelos de predisposição, etiológicos ou de vulnerabilidade*

Na visão etiológica, determinadas características da personalidade tornariam o sujeito propenso a deprimir-se. Por exemplo, segundo Millon (1996), determinadas personalidades elicitariam conflitos interpessoais e criariam acontecimentos de vida negativos que favoreceriam o desenvolvimento de episódios depressivos, ou simplesmente tornariam o sujeito mais vulnerável a determinados factores psicossociais de stress. A lógica subjacente a este tipo de modelos, descrita por Millon, é que nem todas as pessoas que experienciam determinados acontecimentos de vida se deprimem, pelo que teria de haver uma qualquer susceptibilidade individual, que poderia ser, claro, possuir determinados estilos de personalidade. É lícito pensar que a forma característica de pensar, de sentir, de se comportar e de se relacionar com os outros pode contribuir para o desenvolvimento de perturbações mentais e, também, que algumas dessas perturbações graves e crónicas podem, por seu lado, contribuir para alterações fundamentais na personalidade (Widiger *et al.*, 1999).

Segundo Klein *et al.* (1993), os modelos de predisposição, etiológicos, ou de vulnerabilidade, pressupõem que uma perturbação precede e aumenta o risco para o desenvolvimento da outra, mas de alguma forma, estes modelos sobrepõem-se com os modelos de espectro, e, na prática, a distinção pode ser difícil. A diferença é que nos modelos de predisposição, nenhum outro factor causal mais básico é postulado, nem é muitas vezes assumido que a condição predisponente é uma causa necessária para a segunda condição. Apesar de se considerar habitualmente os traços ou as perturbações da personalidade como predisponentes para a depressão, também é lógico pensar que a depressão, sobretudo a depressão crónica, pode ser um factor de vulnerabilidade para o desenvolvimento de certos traços de personalidade, ou mais ainda, para a evolução de determinados traços para as correspondentes perturbações da personalidade. Embora nem sempre seja devidamente explicitado, este tipo de modelos assume que a primeira condição cria factores de risco específicos para o desenvolvimento da segunda, por exemplo as pessoas introvertidas não recebem reforços sociais positivos, pelo que se podem deprimir (Klein *et al.*, 1993).

Um exemplo em que determinados traços de personalidade contribuem para a ocorrência da depressão é a evidência de que episódios depressivos *major* podem ocorrer por vezes, em grande parte, devido a traços de personalidade dependentes não adaptativos (e. g. Bowlby, 1980). A auto-estima de uma pessoa com uma perturbação dependente da personalidade depende, substancialmente, da manutenção de uma relação de suporte, mas a sua constante necessidade de suporte e afecto podem levar o outro a afastar-se. O maior medo do dependente acaba por se realizar: é abandonado e a sua auto-estima será fortemente abalada, originando depressão (Widiger *et al.*, 1999).

Alnaes e Torgersen (1997), num estudo prospectivo de seis anos com 284 pacientes, verificaram que a perturbação *borderline* da personalidade e traços dependentes da personalidade prediziam novos episódios de depressão *major* (recaídas) em sujeitos com história depressiva e que a perturbação *borderline* contribui para prever o aparecimento de episódios de depressão em sujeitos sem história depressiva. Na opinião destes autores, a existência de perturbação da personalidade pode contribuir para a ocorrência de acontecimentos de vida negativos que, por sua vez, podem levar ao desenvolvimento da depressão, devido a estilos de *coping* desadaptativos. Johnson, Cohen, Kasen e Brook (2005) verificaram que traços anti-sociais, *borderline*, depressivos, histriónicos, esquizotípicos e dependentes avaliados entre os 14 e os 22 anos se associavam, significativamente, com o risco de apresentar distímia ou perturbação depressiva *major* avaliada mais tarde, aos 33 anos em média.

De um modo geral, a escola psicanalítica postula uma continuidade entre a personalidade prévia ou pré-mórbida e a personalidade presente na depressão clínica (Ludolph, Milden & Lerner, 1988). A psicopatologia manifesta seria uma acentuação e a expressão sintomática de tendências caracteriais com origem no desenvolvimento precoce (Arieti e Bemporad, citados por Akiskal *et al.*, 1983). Os estados psicopatológicos teriam origem em traços duradouros, pré-existentes e predisponentes, que constituiriam a personalidade pré-mórbida (Akiskal *et al.*, 1983). Na escola psicanalítica está normalmente subjacente uma visão etiológica, mas também a assumpção da continuidade.

Segundo Klein *et al.* (1993), um exemplo clássico em que "a depressão é vista como secundária à personalidade, é o venerado conceito de depressão neurótica" (p. 25). Na literatura psicanalítica, muitas das manifestações da depressão são vistas como resultando de determinados subtipos de personalidade neurótica ou de conflitos (e. g. Chodoff, citado por Klein *et al.*, 1993). Quer os traços de dependência orais, quer os traços de carácter anais são vistos como predisponentes a episódios de depressão (Klein *et al.*, 1993).

Em geral, como dissemos antes, as formulações psicanalíticas tendem a ver ambos os aspectos, a oralidade e a analidade, como dois factores predisponentes para a depressão (Ryder *et al.*, 2002), como é o caso do modelo de Blatt (1990, 2004), que postula um tipo anaclítico, distinto de um tipo introjectivo.

O trabalho de Blatt e colegas (1990, 2004; Blatt *et al.*, 1976; Blatt & Zuroff, 1992) conceptualizou e apresentou evidências empíricas no sentido de uma vulnerabilidade dos estilos dependente e também auto-crítico da personalidade ao afecto depressivo. Mais especificamente, haveria uma relação entre características dependentes da personalidade e uma ocorrência de episódios depressivos com características anaclíticas, sobretudo no seguimento de perturbações na esfera interpessoal. Da mesma forma, os indivíduos com personalidades auto-críticas apresentariam vulnerabilidade para desenvolverem depressões introjectivas, em resposta a factores perturbadores da auto-estima e realização pessoal. Esta relação de predisposição ou de diatese seria consideravelmente mais forte para o caso da dependência (Nietzel & Harris, 1990; Robins, 1995). Coyne e Whiffen (1995), no entanto, referem que nem sempre os resultados apoiam estes duas trajectórias *(pathways)* e a sua validade preditiva pode estar relacionada com a variância comum que partilham com o factor geral do neuroticismo.

Distinções semelhantes ocorrem também, como se disse antes, em modelos de outras tradições como o de Bowlby (1980), Arietti e Bemporad (1980) e Beck (1983). Kernberg (1970, 1988), como também já referimos, incorporou ambos os elementos numa única linha psicopatológica, postulando e descrevendo a perturbação depressiva-masoquista da personalidade que comporta características anaclíticas como a vulnerabilidade à perda e características introjectivas, como a culpabilidade (Bagby *et al.*, 2003; Ryder *et al.*, 2002).

A "dependência emocional, sensitividade interpessoal [sentir-se inferior aos outros, sentimentos de que os outros são pouco amistosos, e não compreendem o próprio, sensibilidade à crítica, vergonha ou dificuldades em contactar com o sexo oposto], necessidade de aprovação, motivações de realização muito intensas ou muito fracas como forma... de conseguir aprovação e estatuto.... e acontecimentos negativos [na esfera] interpessoal..." são factores que têm sido apontados como criando vulnerabilidade para a depressão (Gilbert, 1992, p. 112).

Segundo Millon (1996), diversos estudos têm apontado para uma relação entre dependência e depressão, estudos descritivos, factoriais e correlacionais. Matussek e Feil (1983) verificaram, com base nos resultados de diversos inventários, que sujeitos com depressão endógena unipolar se diferenciavam num factor global denominado de *falta de autonomia,* relacionado com características como hiper-adaptação, passividade, submissão, dependência e evitamento das responsabilidades. Podemos dizer que, pelo menos, alguns destes aspectos se relacionam com um componente oral-dependente da personalidade, de acordo com o modelo psicanalítico (veja-se por exemplo, Chodoff, 1972).

González e Jiménez (1999), a propósito da discussão sobre os modelos que postulam uma relação etiológica entre a personalidade e a depressão, referem que o traço de personalidade mais associado a esta relação é a dependência interpessoal. Já Akiskal, *et al.* (1983) referem que seria a introversão, o traço pré-mórbido mais importante. Outros autores (e. g. Hirschfeld *et al.*, 1989) salientam o neuroticismo.

No que respeita à introversão, importaria salientar, segundo Gilbert (1992), que a sociabilidade reduzida seria especialmente importante e a ansiedade social poderia ser, pelo menos em parte, responsável pelo evitamento social e baixa sociabilidade. Outra possibilidade é a falta de competências sociais. Mas seria importante distinguir os introvertidos que querem sociabilizar-se mas temem fazê-lo (ou não sabem, ou acham que não sabem fazê-lo), de outros que preferem de facto estar sozinhos, sendo que na opinião do autor é difícil responder à questão de que parte da introversão se deve ao medo ou simplesmente ao preferir estar sozinho.

Acresce, em nossa opinião, que a relação entre introversão e depressão se pode, em parte, dever também a uma fraca presença nos sujeitos com depressão de uma faceta da dimensão de extroversão segundo o modelo dos cinco factores, que são as emoções positivas, cuja escassez é típica das depressões (Clark & Watson, 1991).

No que concerne ao neuroticismo, Widiger *et al.* (1999) afirmam que pode ser considerado um traço de vulnerabilidade geral à patologia, sendo que a forma patológica específica que o sujeito desenvolve dependeria de outros factores, como por exemplo o género, experiências infantis, o contexto sócio-cultural, outros traços de personalidade que orientariam a pessoa para determinados estilos de *coping* ou constituiriam factores de vulnerabilidade adicionais.

Gilbert (1992) refere que apesar do neuroticismo se relacionar com a depressão, também outras perturbações com ele se associam. A sua relação com a depressão *major* não é linear. Não "é de certeza um preditor certo nem específico, e muitos neuróticos não desenvolvem depressão *major*" (p. 83).

Millon (1996) afirma que muita investigação tem sido levada a cabo na tentativa de descrever as características dos indivíduos propensos a deprimirem-se, sem que se tenha, no entanto, chegado a um consenso. Segundo Gastó (1999), nunca se demonstrou verdadeiramente que um estilo de personalidade específico se associa a um determinado tipo de depressão. Chodoff (citado por Gastó, 1999) interroga-se mesmo se a depressão não significará somente uma intensificação do padrão de personalidade ao invés de ser independente dele.

Widiger *et al.* (1999) consideram que o contributo da personalidade para a ocorrência de patologia não é, nem certo, nem específico. Muitos dependentes não desenvolvem depressões, muitas depressões não aparecem em sujeitos dependentes e muitas depressões que ocorrem em pessoas com traços de dependência não se devem primariamente a esses traços. A patologia, segundo aqueles autores, é sempre multi-factorial e interactiva ao longo do tempo, sendo que os traços desadaptativos são apenas um contributo para essa patologia, não sendo factores de vulnerabilidade específicos.

Acresce que, segundo Akiskal *et al.* (1983), ao contrário da introversão, outros traços como a obsessividade, dependência, desamparo, competências sociais limitadas, auto-atribuições negativas desadaptativas ou baixa auto-confiança, comummente ligadas à patogénese da depressão, deveriam antes, em sua opinião, ser pensados como características estado que se entrançam na personalidade pós-depressiva e não propriamente como traços predisponentes. Podem resultar de episódios recorrentes de depressão, podendo desenvolver-se no contexto de uma doença que é crónica ou intermitentemente incapacitante.

Outras características parecem ser importantes na personalidade depressiva ou serem características que se relacionam com a depressão. Altman e Wittenborn (1980) e Cofer e Wittenborn (1980), utilizando um inventário por eles desenvolvido, verificaram que vários factores discriminavam um grupo de mulheres em remissão da depressão de um grupo que nunca esteve deprimido: *baixa auto-estima, aparência infeliz* (trata-se de itens relativos a humor depressivo), preocupação com o facto de ter falhado (denominado pelos autores de desamparo), baixa *confiança* e um baixo *sentido geral de competência*, vulnerabilidade narcísica, *mãe crítica* e *pai promotor da dependência*. Bachelor, Bleau & Raymond (1996) verificaram que um grupo de sujeitos deprimidos se distinguia de um grupo de não deprimidos em quatro de cinco factores medidos pelo Inventário de Personalidade Depressiva (Eusanio, 1977), os aspectos que os autores designaram de psicodinâmicos, avaliados no estudo. São eles: a *baixa auto-estima, dependência narcísica, aparência infeliz, mãe crítica*, não se distinguindo no factor *pai promotor de dependência*. Os melhores preditores psicodinâmicos da intensidade da depressão, quando se realizou uma análise da regressão, foram mãe crítica, aparência infeliz e a baixa auto-estima. Matsudaira e Kitamura (2005) verificaram, numa amostra de estudantes universitários, que resultados baixos em dependência das recompensas, persistência, auto-direccionalidade (*self-directdness*), cooperatividade e auto-transcendência, avaliadas com o Inventário de Temperamento e Carácter, contribuíam para prever a depressão, avaliada pela Escala Hospitalar de Ansiedade e Depressão, numa análise da regressão.

Interrogamo-nos se este tipo de características, como aliás as referidas por Akiskal, e talvez o caso mais evidente seja a dependência, em vez de serem pré-depressivas ou pós depressivas como considera Akiskal,

não serão antes características da própria depressão, que lhe estão associadas, que marcam a personalidade, ou o funcionamento interno do depressivo. A depressão é uma doença da personalidade, encaixa-se na personalidade, a personalidade talvez não seja pré-mórbida, nem pós-mórbida,
talvez não sejam duas coisas separadas. Pode é haver ou não humor
depressivo na depressão, e por vezes não há, pelo menos de forma significativa, não implicando que o sujeito não esteja deprimido, não tenha
características de um depressivo, não vivencie *experiências depressivas* na
linguagem de Blatt (Blatt *et al.*, 1976; Blatt, D'Afflitti & Quinlan, 1979).
As características referidas por Akiskal *et al.* (1983) como associadas à
depressão, como por exemplo a dependência, podiam, no fundo, associar-
-se às *experiências depressivas*, neste caso, analíticas ou dependentes.

1.3 – *Modelos de cicatriz ou de complicação*

Os modelos de cicatriz ou de complicação são próximos dos modelos de vulnerabilidade, relativamente aos quais são difíceis de distinguir
e também são próximos dos modelos patoplásticos, mas nos modelos de
cicatriz ou de complicação o foco de atenção não é o início ou o curso,
mas sim a fase residual ou de recuperação da patologia. O modelo de
complicação mais frequente aplica-se quando a segunda perturbação se
desenvolve na sequência ou no contexto do desenvolvimento da primeira,
e continua mesmo depois da primeira ter remitido. Neste caso, a recuperação total da saúde mental é comprometida ou complicada, ou a segunda
perturbação é um efeito residual ou uma *cicatriz* da primeira. Outra
variante dos modelos de complicação aplica-se quando a presença da
segunda perturbação (que pode ou não ter sido originada pela primeira)
interfere de alguma forma com a completa recuperação da primeira
(Klein *et al.*, 1993).

1.4 – *Modelos de causa comum e modelos de espectro ou sub-*
-clínicos

Nos modelos de causa comum, a depressão e a personalidade perturbada são entendidas como fenómenos distintos, mas determinados, ambos
pelos mesmos processos subjacentes, ou seja, por uma vulnerabilidade
geral (Klein *et al.*, 1993). Trata-se de modelos que se podem considerar
muito próximos, ou como uma variante dos modelos de espectro.

Klein *et al.* (1993) conceptualizam os modelos de espectro ou sub--clínicos como *primos* dos modelos de causa comum. Estes modelos assumem que a personalidade e a depressão estão relacionadas mas são diferentes manifestações ou fases do mesmo processo mórbido subjacente, com uma etiologia e factores de risco comuns. Geralmente, as duas formas da perturbação estão relacionadas no tempo, uma é um estádio precoce ou sub-clínico da outra, ou partilham traços clínicos, mas diferem na gravidade ou tipo de perturbação causada. Assim, uma das perturbações seria realmente uma manifestação ou variante da outra, e não uma perturbação diferente. O espectro é geralmente um contínuo de gravidade. Habitualmente, uma perturbação ou estilo de personalidade é considerada um estádio precoce ou uma manifestação atenuada de um processo mórbido ou então é uma expressão alternativa de um factor de risco comum.

Na realidade, segundo Klein *et al.* (1993), falar de relações etiológicas, ou mesmo patoplásticas, pode ser extremamente difícil porque, por exemplo, muitas das perturbações da personalidade podem simplesmente ser variações extremas e desadaptativas dos traços de personalidade normais e podem também ser variantes caracteriais de diversas perturbações do eixo I, ou seja, podem existir relações de espectro. Ora, "na medida em que as perturbações da personalidade são simplesmente manifestações de variações extremas de traços de personalidade normal, faz tanto sentido dizer que o neuroticismo contribui para o desenvolvimento de uma perturbação *borderline* da personalidade, como dizer que a introversão contribui para o desenvolvimento de uma extrema introversão. A personalidade *borderline* pode representar simplesmente uma variação extrema do neuroticismo, enquanto que a personalidade esquizóide pode representar simplesmente uma variação extrema da introversão" (Widiger *et al.*, 1999, p. 351). Distinguir relação etiológica de relação espectral torna-se realmente um exercício difícil.

De facto, a correspondência entre as perturbações da personalidade e o modelo dos cinco factores é notável, ainda mais se se pensar que este modelo foi desenvolvido no âmbito da investigação sobre a personalidade normal, de forma totalmente independente de qualquer consideração sobre as perturbações da personalidade e só posteriormente se tem vindo a demonstrar adequado para uma interpretação das perturbações da personalidade (Widiger *et al.*, 1999) numa lógica de espectro. Estas perturbações não seriam qualitativamente diferentes do funcionamento normal da personalidade.

Para além de se postular uma relação de espectro entre as características normais da personalidade e as perturbações do eixo II, pode também postular-se uma relação de espectro entre as perturbações da personalidade e as perturbações do eixo I (Widiger *et al.*, 1999). Por exemplo a perturbação esquizotípica da personalidade pode constituir um factor de predisposição para o desenvolvimento da esquizofrenia. As características da personalidade esquizotípica são quase idênticas às da fase prodrómica da esquizofrenia. No entanto, aqui o termo predisposição tem um sentido diferente daquele que tem nos modelos de vulnerabilidade, por exemplo, quando se afirma que a dependência constitui um factor de predisposição para o surgimento da depressão. Não se trata apenas de uma perturbação que ocorreu em parte devido à outra, mas, mais do que isso, de uma perturbação que é uma expressão diferente da outra, ou seja, a perturbação mudou simplesmente as suas manifestações com o passar do tempo (Widiger *et al.*, 1999). Este tipo de relação de espectro pode ocorrer para vários pares de perturbações eixo II/eixo I do DSM-IV (Siever & Davis, 1991), por exemplo, para o par perturbação evitante da personalidade e fobia social. O mesmo pode acontecer com a depressão. A depressão que se segue a uma história de afectividade negativa pode simplesmente representar uma fase diferente de uma perturbação do humor crónica (a *depressão dupla*) e pode não estar em causa a contribuição de traços de personalidade como predisposição para o aparecimento do episódio afectivo (Clark, Watson & Mineka, 1994).

A distinção entre uma fase prodrómica e uma vulnerabilidade pré--mórbida não é clara (o mesmo é dizer a distinção ente um modelo de vulnerabilidade ou etiológico e um modelo de espectro). A afectividade negativa ou os traços esquizóides poderão ser realmente considerados equivalentes sub-clínicos, respectivamente, das perturbações do humor e psicóticas propriamente ditas, ou apenas disposições de personalidade pré-mórbidas (Widiger et. al., 1999).

Gunderson e Elliot (citados por Gilbert, 1992) discutem as várias relações possíveis entre perturbação *borderline* da personalidade e depressão, sendo que estas relações se podem aplicar, possivelmente, a outras perturbações da personalidade. Uma primeira hipótese de relação entre as duas perturbações é a de que a perturbação afectiva 'encaixaria' a perturbação *borderline*: os comportamentos impulsivos e aditivos seriam formas de aliviar a depressão crónica, formas de regular o humor. A investigação tem dado pouco apoio a esta hipótese. Uma segunda hipótese é a de que a perturbação *boderline* daria origem a uma vulnerabilidade a perturbações afectivas. Uma terceira possibilidade é a de que as duas perturbações seriam qualitativamente distintas e as correlações existentes resultariam da prevalência relativa na população de ambas as perturbações. Mas os estudos mostram que as duas perturbações coexistem mais do que seria previsível segundo esta tese. Finalmente, uma última hipótese é a de que a chave para sobreposições e diferenças entre as duas perturbações poderia ser uma constelação de factores individuais que se combinariam para moldar a depressão, a disforia crónica ou o comportamento *borderline* – isolados ou em qualquer combinação. Desta forma, seria possível entender a elevada co-morbilidade entre as duas perturbações.

Encontram-se na literatura diversos exemplos de modelos de espectro da depressão. Já nas concepções da antiguidade sobre a melancolia, na teoria dos humores, que referimos anteriormente, estava implícita uma visão dimensional (Akiskal *et al.*, 1983; Gilbert, 1992), uma visão de espectro. Segundo Gilbert (1992), a depressão seria vista em termos de uma "variação dimensional da personalidade pré-mórbida" (p. 79). Mas mais do que uma variação da personalidade, cremos que há uma acentuação, o que estaria mais de acordo com a teoria temperamental de Akiskal. Porque uma coisa é haver uma personalidade pré-mórbida com determinadas características que predispõe aos episódios afectivos, outra é considerar estes episódios como acentuações de um dado temperamento ou estilo.

Os próprios conceitos de depressão neurótica e depressão psicótica podem ser conceptualizados do ponto de vista dimensional. Foulds e Bedford (citados por Gilbert, 1992) falam de duas dimensões da depressão: psicopatológica versus não psicopatológica e psicótica versus neurótica.

Refira-se também, a título de exemplo, que Dalgalarrondo (2000) refere um possível *continuum* ou espectro para a patologia depressiva: depressão psicótica, depressão bipolar, depressão moderada, distímia, personalidade depressiva e depressão sub-clínica.

Diversos autores propõem diferentes subtipos de depressão, por exemplo, com base em estudos em que as análises estatísticas (por exemplo análise de *clusters*) mostram diferentes agrupamentos de sintomas. Mas estes subtipos são entendidos como protótipos, não mutuamente exclusivos, numa visão claramente dimensional da depressão, em que cada sujeito pode apresentar sintomas em diferentes níveis de cada um dos *clusters*.

Cooke (citado por Gilbert, 1992), estudando uma população não clínica e utilizando uma técnica estatística complexa, encontrou quatro

Capítulo IV – Personalidade e depressão

subtipos depressivos com base nos sintomas: vegetativo, ansioso, cognitivo e endógeno. Sugeriu que os sujeitos poderiam apresentar diferentes níveis de cada uma das síndromas que não seriam mutuamente exclusivas e que uma abordagem dimensional se adequaria mais aos dados do que uma abordagem categorial.

Também Akiskal, eminente representante da psiquiatria biológica, considera a depressão como um fenómeno de espectro. Judd e Akiskal (2000) baseando-se em diversos estudos longitudinais de tipo epidemiológico e polissonográfico (estudos neurofisiológicos do sono), alguns deles com números muito elevados de sujeitos, concebem a depressão *major* como sendo um processo mórbido único, uma doença expressa por sintomas flutuantes e referem que "os subtipos incluídos no sistema oficial de diagnóstico não representam perturbações discretas, mas são estádios ao longo de um contínuo dimensional de gravidade sintomática. Os sintomas depressivos no nível *major*, *minor*, distímico ou... [sub-clínico] são todos componentes integrantes da estrutura clínica longitudinal da perturbação depressiva *major*, com cada nível sintomático representando uma fase diferente da intensidade, actividade e gravidade da doença" (p. 3). Este contínuo de gravidade tende, segundo os autores, a interagir com um contínuo de cronicidade, que varia entre um nível agudo a um nível prolongado, crónico, de forma semelhante ao que acontece noutras doenças orgânicas como é o caso da hipertensão.

O que parece verificar-se, ainda segundo Judd e Akiskal (2000), é que, num dado sujeito, a sintomatologia oscila bastante de um nível para outro com o passar do tempo, apoiando a ideia de que a depressão é uma doença "caracterizada por um curso flutuante, dinâmico" (p. 5). Nesta perspectiva, as manifestações sub-clínicas são parte integrante da estrutura clínica longitudinal e flutuante da doença depressiva, representando uma manifestação invasiva, prevalente e significativa da doença, sendo mesmo as mais frequentes expressões da actividade mórbida durante o curso da depressão.

Comparando sujeitos com sintomatologia sub-clínica (depressão sub-sindromática) com pacientes sem sintomatologia depressiva, Judd, Akiskal e Paulus (1997) verificaram que os primeiros tinham mais histórias passadas de episódios depressivos *major* e maior risco de sofrerem episódios depressivos *major* no futuro. Verificaram também que, os pacientes inicialmente diagnosticados com um determinado subtipo tendiam a ser mais tarde diagnosticados com outro subtipo de depressão. Por outro lado, sintomas sub-clínicos residuais no curso do processo depressivo *major* tendem a associar-se com um risco elevado de recaída mais rápida e com um curso significativamente mais crónico da doença (Judd & Akiskal, 2000). Também outros autores (e. g. Paykel *et al.*, 1995) apresentam resultados que apontam no sentido dos sintomas residuais tenderem a implicar recaídas mais rápidas.

Vários outros estudos apontam para uma tendência no sentido dos sintomas sub-clínicos evoluírem para episódios depressivos *major* (e. g. Horwath, Johnson, Klerman & Weissman, 1992). Clayton *et al.* (citados por Judd & Akiskal) demonstraram que o neuroticismo, que para Akiskal é sinónimo dos sintomas afectivos *minor*, era um antecedente para o primeiro episódio de perturbação depressiva *major* e Kovacs *et al.* (1994) mostraram que crianças com distímia tendiam a desenvolver perturbação depressiva *major* após a puberdade.

Também os estudos de Kwon *et al.* (2000) e de Klein e Shih (1998) apoiam, ainda que indirecta e parcialmente, a ideia de que formas menores de patologia depressiva podem, a longo prazo, contribuir para o desenvolvimento de formas mais graves ou pelo menos para um pior prognóstico. Kwon *et al.* (2000) verificaram que um grupo de pacientes com perturbação depressiva de personalidade (que segundo Akiskal seria uma forma sub-clínica da doença depressiva) apresentam, a longo prazo (três anos), maior percentagem de perturbação distímica do que o grupo controlo, apesar de não se terem registado diferenças para o desenvolvimento de depressão *major*. O estudo mostra também que a perturbação depressiva da personalidade pode mediar os efeitos de uma história familiar de depressão unipolar. Também Klein e Shih (1998) verificaram que a presença de perturbação depressiva da personalidade se associava a um curso menos favorável da depressão, 30 meses depois.

O conceito de temperamento impregna, claramente, a formulação de Akiskal. Segundo Akiskal (2000), uma forma mais adequada de classificar as perturbações do humor "é olhá-las como parte de um espectro de instabilidade afectiva que resulta de predisposições temperamentais" (p. 5). As ideias de Akiskal assentam nas formulações clássicas de Kraepelin e Kretschmer. Para o primeiro, como vimos antes, todas as manifestações de doença afectiva resultariam de predisposições pessoais temperamentais que se manifestariam "em diferentes graus de intensidade afectiva, reactividade e controlo dos impulsos e flutuações diárias na energia e no humor" (Kraepelin, citado por Akiskal, 2000, p. 5). De acordo com o modelo clássico de Kraepelin, da existência de um contínuo, são possíveis as transições entre temperamentos e doenças propriamente ditas.

Kretschmer levou ao extremo esta perspectiva, afirmando que todas as perturbações afectivas são uma extensão mórbida de formas temperamentais normais. Postulou todas as transições possíveis e nuances entre a normalidade e a doença

De acordo com alguns estudos, também a perturbação bipolar teria um percursor ou uma forma atenuada no temperamento ciclotímico. Akiskal *et al.* (1983) concluem que as evidências existentes abonam em favor da possibilidade de considerar os temperamentos hipertímico, ciclotímico e distímico como sendo formas atenuadas de perturbações afectivas maiores. Além disso, pode não haver, segundo os autores, uma correspondência clara entre o tipo de temperamento e a polaridade da doença. Já Kraepelin considerava que eram possíveis as transições de um para outro dos temperamentos afectivos (Akiskal *et al.*, 1983). Kretschmer não separava, claramente, estes diferentes temperamentos. Falava de um temperamento ciclóide com variantes, por exemplo, ciclóide predominantemente depressivo. Hipotetizava que a personalidade ciclóide era o percursor temperamental da psicose maníaco-depressiva, da mesma forma que a personalidade esquizóide se relacionava com a esquizofrenia.

Subjacente à teorização de Akiskal, está claramente uma visão dimensional da patologia e, de certa forma, o primado das alterações do humor relativamente às alterações da personalidade, por exemplo, quando se considera a doença afectiva crónica e também as perturbações caracteriais de tipo afectivo. A depressão crónica, ou pelo menos algumas formas dela, seriam mais bem descritas como perturbações afectivas (Akiskal, 1983), tendo esta ideia influenciado o facto da perturbação distímica ter sido designada como uma perturbação afectiva do eixo I (Schrader, 1994). Para Schrader, pelo contrário, e de acordo com os seus resultados, a depressão crónica, ou pelo menos alguns dos seus aspectos, seriam vistos de forma mais útil em termos de perturbação da personalidade e não em termos de perturbação afectiva. Na concepção de Winokur (citado por Schrader, 1994) o conceito de depressão neurótica inclui o critério de disfuncionamento da personalidade, o que apoia a visão de Schrader.

Esta visão de Schrader estabelece uma relação muito próxima entre depressão e personalidade, porque considera que as depressões crónicas implicam, são sinónimo de uma disfunção ao nível da própria personalidade, não sendo o resultado ou uma manifestação de um processo afectivo mórbido de cariz biológico e de uma vulnerabilidade temperamental.

2 – O conceito de depressão é indissociável do conceito de personalidade

Apesar dos diferentes modelos serem identificados com um determinado tipo de relação entre personalidade e depressão, do ponto de vista do diagnóstico psicológico e da intervenção terapêutica, a questão de saber se a relação entre personalidade e depressão é de espectro, etiológica ou patoplástica acaba por ser pouco importante e, de certa forma, conceptual e empiricamente insolúvel. Na verdade, a perspectiva que defendemos é que não há diferenças qualitativas entre a personalidade (que para efeitos de clarificação podemos chamar pré-mórbida) e o estado depresivo propriamente dito, e se assim pensarmos, a questão do tipo de relação entre personalidade e depressão deixa de ser uma questão essencial. A ideia central é, sim, a da continuidade no fenómeno depressivo.

A este propósito, Hirschfeld *et al.* (1989) questionam-se sobre o que o termo pré-mórbido realmente significa. "Uma vez que os estados sub-sindromáticos tendem a ser duradouros, como é que se podem separar estes estados das anormalidades da personalidade? Os indivíduos têm traços anormais de personalidade... ou têm estados afectivos sub-sindromáticos crónicos? Faz alguma diferença?..." (p. 350). Concretamente, Hirschfeld e colegas perguntam se o neuroticismo é realmente uma disposição pré-mórbida ou é antes um estado afectivo sub-sindromático do processo sindromático da depressão ou, de uma outra forma, se os resultados elevados em neuroticismo apresentados pelas pessoas que se tornam deprimidas reflectem uma relação de espectro ou uma relação causal entre personalidade (neste caso, neuroticismo) e depressão.

Refira-se que para Judd e Akiskal (2000, p. 6) o neuroticismo, na realidade, "representa sintomas afectivos menores de natureza intermitente", portanto uma perturbação sub-sindromática, e Gilbert (1992) interroga-se mesmo se o neuroticismo pode conceptual e claramente distinguir-se da ansiedade traço e da própria depressão. Clark e Watson (1991), por seu turno, referem que a afectividade negativa ou neuroticismo pode manifestar-se quer como um estado transitório, quer como um traço mais estável. Afirmam também que os níveis elevados de stress geral e sintomas não específicos apresentados por muitos dos doentes, especialmente os que apresentam um quadro misto de ansiedade e depressão, devem ser vistos como manifestações deste traço que seria crónico na sua essência.

Klein *et al.* (1993) interrogam-se até que ponto os chamados traços de personalidade observados nas perturbações sub-afectivas, como por exemplo a distímia ou a ciclotímia ou até numa perturbação *borderline* da personalidade se podem considerar empírica e conceptualmente diferentes dos sintomas afectivos moderados ou estados de humor. Ou seja, pode perguntar-se até que ponto, numa perturbação afectiva crónica estamos perante traços de personalidade ou sintomas afectivos moderados crónicos, e numa perturbação da personalidade como a *borderline*, estamos perante sintomas crónicos de humor ou mais uma vez, de traços de carácter afectivo.

Akiskal *et al.* (1983) citam um estudo prospectivo anterior de Akiskal e colegas realizado numa universidade com sujeitos com problemas interpessoais crónicos, mas que nunca tinham estado hospitalizados. Dez por cento destes sujeitos preenchiam os critérios para uma perturbação afectiva menor – a ciclotímia. Concluem Akiskal *et al.* que "o que tinha a aparência de uma perturbação caracterial provou ser uma forma fenomenologicamente moderada de uma doença bipolar" (p. 806). Este estudo mostra bem, em nossa opinião, a dificuldade em separar perturbações caracteriais de perturbações afectivas crónicas. Somos uma vez mais remetidos para a dificuldade em separar uma depressão crónica de um carácter depressivo, em distinguir uma depressão sub-clínica ou manifestações sub-clínicas da depressão de uma perturbação da personalidade com características afectivas, em distinguir uma síndroma clínica crónica do eixo I de uma perturbação do eixo II. Akiskal *et al.* (1983) citam evidências que referem que pacientes diagnosticados com perturbações *borderline* devido a um *sentido instável do self* adquirem *estabilidade do ego* quando tratados com estabilizadores do humor, como o carbonato de lítio. Apetece perguntar se a instabilidade do self é um sintoma afectivo estável ou é uma característica de personalidade. Faz alguma diferença? E a perturbação *borderline*, é primariamente afectiva ou caracterial?

Vários autores sublinham, no entanto, a diferença estado-traço (e. g. Blatt, 1976, 1990, 2004; Coimbra de Matos, 1995, 1996, 2001, 2002, 2003; Endler, Macrodimitris, & Kocovski, 2000; Spielberger, 1995). Coimbra de Matos (2001), como já foi dito, postula uma personalidade depressiva, um conjunto de traços de carácter sobretudo egossintónicos que daria origem a estados depressivos com sintomas egodistónicos. Mas o próprio autor aceita a dificuldade em separar conceptual e clinicamente traço depressivo de sintoma depressivo (Coimbra de Matos, comunicação pessoal, 2004). Esta dificuldade não surgirá por acaso e está relacionada também com o problema de distinguir personalidade depressiva de depressão. Por exemplo, a baixa auto-estima, como já foi dito, pode ser um traço ou um sintoma, mas apenas, consoante é estável ou passageira. Numa depressão crónica é estável por isso será um traço, mas ainda assim causa sofrimento, é egodistónico. O carácter egossintónico *versus* egodistónico não pode servir para distinguir traço depressivo de estado ou sintoma depressivo. A distinção só pode ser temporal.

A distinção entre personalidade depressiva e depressão seria simples, seguindo o modelo estado-traço, por exemplo, se só existissem perturbações depressivas agudas. Mas as depressões crónicas são frequentes. Ou seja, a ideia partilhada por autores de várias escolas, nomeadamente, da escola psicanalítica, de que existe um tipo de personalidade (ou personalidades), a personalidade depressiva, distinta da depressão, e que predispõe o sujeito a episódios depressivos, parece fazer sentido, mas ser ao mesmo tempo demasiado simplista, porque numa percentagem relativamente significativa de casos, as depressões tornam-se crónicas, enxertam-se na personalidade, ou talvez melhor, exacerbam as características da própria personalidade, não evoluindo por episódios que aparecem circunscritos no tempo e remitem.

Poderá ser que as características que formam a depressão sejam, ao mesmo tempo, dependentes do estado e traços predisponentes. Rosenbaum, Lewinsohn e Gotlib (1996) discutem a possibilidade de algumas variáveis poderem ser ao mesmo tempo traços estáveis (observadas antes e depois do episódio depressivo) e dependentes do estado depressivo, no sentido de sofrerem oscilações em função de flutuações intra-individuais na intensidade da depressão. Seriam variáveis *híbridas* que caracterizariam os indivíduos predispostos quando não deprimidos, mas que se acentuariam no estado depressivo. Hartlage, Arduino e Alloy (1998) verificaram que variáveis como a baixa auto-estima e a negação da dependência (*counterdependency*) parecem manifestar, simultaneamente, componentes de estado e de traço.

Outros autores colocam a hipótese de variáveis como a dependência e o auto-criticismo (Blatt, D'Afflitti & Quinlan, 1979) poderem ser afectadas pelo estado depressivo, e ainda assim medirem diferenças individuais relativamente estáveis no que se refere a uma vulnerabilidade para a depressão (Miranda e Persons, citados por Robins, 1995; veja-se também Franche & Dobson, 1992; Klein, Harding, Taylor & Dickstein, 1988). Este tipo de reflexão vai ao encontro de uma visão de espectro, mas ao mesmo tempo, etiológica, da relação entre personalidade e depressão, perspectiva que nos parece fazer muito sentido.

A questão que se pode colocar, portanto, é se, por exemplo, a dependência ou outras características como o neuroticismo, são pré-mórbidas para a depressão, são patoplásticas, porque moldam a expressão sintomática, ou são em si mesmas já uma característica da depressão, numa relação de tipo espectral. Onde acaba, por exemplo, a dependência ou a introversão, enquanto traços da personalidade e a dependência e a introversão enquanto características da depressão? A depressão enxerta-se na própria personalidade, pelo que a discussão quanto ao modelo de relação entre personalidade e depressão é necessariamente, pouco profícua. A dependência, por exemplo, pode ser ao mesmo tempo predisponente e fazer parte da própria depressão.

A este propósito González e Jiménez (1999) referem que a relação entre personalidade e depressão tem suscitado muito interesse nas últimas décadas e são muitos os estudos que tentam explicar esta relação, mas a pergunta que se pode fazer é: "pode realmente separar-se a personalidade da depressão?" (p. 479). Nós acrescentaríamos mesmo: ainda que se pudesse, qual seria o interesse? Quando pensamos no que é a depressão, pelo menos no referencial teórico psicodinâmico, onde nos situamos, pensamos necessariamente nas características de personalidade do depressivo.

Klein *et al.* (1993) interrogam-se também se se pode distinguir conceptualmente a depressão das características de personalidade que lhe estão associadas. Segundo eles, a separação entre personalidade e depressão é artificial. As variações do humor são características de algumas perturbações da personalidade e algumas características da personalidade são centrais em algumas formulações sobre a depressão. E interrogam-se também se se pode distinguir conceptualmente humor depressivo de traço de personalidade e em que ponto de um curso crónico do humor disfórico este se torna um traço. Acrescentaríamos mais duas questões: não será que o que define traço, seja um traço afectivo ou outro, é apenas a cronicidade? E por outro lado, será que o humor alterado e a anedonia são suficientes para definir conceptualmente a depressão e a distinguir das perturbações da personalidade? Pensamos que as classificações oficiais enfatizam pouco as características de personalidade e dão demasiada importância ao humor depressivo e aos sintomas somáticos nas perturbações depressivas, por exemplo no eixo I do DSM-IV. Como afirma Gilbert (1992), estas classificações enfatizam pouco os sintomas relacionados com processos psíquicos.

Como conclusão pode afirmar-se que a depressão, ou talvez melhor, a *depressividade*, pode ser considerada uma dimensão da personalidade, que, na patologia depressiva propriamente dita, estaria simplesmente exacerbada. Seria composta por um conjunto de características, por diferentes tipos de traços considerados depressivos. Trata-se de uma visão dimensional, prototípica (no sentido de que se pode pensar que existe um consenso sobre quais seriam as principais características depressivas da personalidade) e, ao mesmo tempo, unicista da depressão, da personalidade depressiva e da relação entre personalidade e depressão.

CAPÍTULO V

Modelos dimensionais da depressão

Neste capítulo começamos por reflectir sobre o problema da continuidade *versus* descontinuidade da depressão e depois apresentamos alguns modelos dimensionais da depressão que consideramos fundamentais, nomeadamente o modelo de Sidney Blatt e o modelo de Coimbra de Matos.

1 – Continuidade *versus* descontinuidade da depressão

O debate da questão da continuidade da depressão continua a ser um dos tópicos de maior interesse na literatura (Flett *et al.*, 1997). A questão da continuidade pode ser colocada da seguinte forma: será que os graus ligeiros a moderados de depressão diferem quantitativamente, em termos de grau, ou qualitativamente, em termos de tipos de sintomas, quando comparados com a depressão *major* enquanto síndroma? Os defensores da visão quantitativa propõem uma relação linear entre os diferentes graus de depressão, enquanto que os defensores da visão qualitativa afirmam que as formas ligeiras e moderadas de depressão seriam, sobretudo, caracterizadas e limitadas a um humor disfórico, enquanto que a depressão clínica, franca, incluiria uma constelação de sintomas como anedonia, ideação suicida, um profundo desespero e desvalorização, alterações nos hábitos de sono e no apetite (Flett *et al.*, 1997). Relativamente às alterações do sono, mais especificamente à insónia, é de referir que, de todas as perturbações psiquiátricas, a depressão é que lhe está mais associada. Estima-se que 90% dos pacientes com depressão se queixem de problemas do sono (Tsuno, Besset & Ritchie, 2005). Não deixa de ser interessante notar que as alterações nos hábitos de sono e também do apetite são dos sintomas mais frequentes numa amostra não clínica, principalmente nas mulheres (Campos & Gonçalves, 2004).

Um dos autores que se situa claramente do lado da descontinuidade é Coyne (Coyne, 1994, Santor & Coyne 2000) que se opõe à ideia da depressão enquanto contínuo. Santor e Coyne (2000), por exemplo, utilizando técnicas estatísticas complexas não paramétricas (*non parametric kernel-smothing techniques*) baseadas na teoria da resposta aos itens, concluem que para os mesmos níveis de totais de sintomatologia depressiva medidos através da Escala de Depressão de Hamilton, uma amostra de sujeitos clinicamente deprimidos e uma amostra de sujeitos não clinicamente deprimidos apresentam diferenças na expressão ao nível de alguns, e sublinhamos, apenas alguns, sintomas específicos. O grupo depressivo tende a expressar mais humor depressivo, anedonia e tendências suicidas e o grupo não depressivo tende a expressar mais insónia ligeira e sentimentos hipocondríacos.

Alguns autores (e. g. Haaga & Solomon, 1993; Strauman & Kolden, 1997) enfatizam a complexidade deste tópico, defendendo que uma visão de tudo ou nada poderá ser demasiado redutora para um campo em que poderão existir continuidades e, ao mesmo tempo, descontinuidades, ou seja, que a depressão clínica pode ter ao mesmo tempo aspectos comuns e diferentes dos estados depressivos não clínicos. Chodoff (1972) reflecte sobre a falta de acordo quanto à questão de saber se realmente existem diferentes tipos de estados depressivos e também quanto a saber se a depressão enquanto afecto, que origina o humor depressivo normal, pode ser qualitativamente diferenciada dos estados depressivos clínicos, ou se representa apenas o extremo de um contínuo, diferindo apenas quantitativamente das depressões graves.

Por outro lado, Flett *et al.* (1997) revêem exaustivamente a literatura relativa ao tema e concluem que a grande maioria das evidências suporta a hipótese da continuidade (veja-se também por exemplo, Cox, Enns, Borger & Paker, 1999; Cox, Enns & Larsen, 2001).

Flett *et al.* Consideram, fundamentalmente, quatro formas de definir e testar a continuidade: a *continuidade fenomenológica*, a *continuidade tipológica*, a *continuidade etiológica numa perspectiva desenvolvimentista* e a *continuidade psicométrica*. E concluem que a revisão "dos quatro testes directos de continuidade indica que há uma substancial evidência da continuidade da depressão em três das quatro áreas.... Há uma extensa evidência da continuidade fenomenológica e etiológica. No momento presente, há poucas evidências directas de uma descontinuidade tipológica, e mesmo quando parecem existir síndromas distintas, é concebível que essas aparentes síndromas reflictam diferenças quantitativas, de contínuo, em gravidade.... A perspectiva psicométrica proporciona evidências substanciais da descontinuidade, mas é possível, se não mesmo provável, que os resultados psicométricos reflictam a natureza ideossincrática das medidas utilizadas para medir os níveis de depressão" (p. 404).

Também do ponto de vista estatístico existem evidências a favor da depressão enquanto dimensão. Trull *et al.* (1990) por exemplo, verificaram que a distímia era optimizadamente conceptualizada como uma variável dimensional e não como uma variável categorial. Hankin, Fraley, Lahey e Waldman (2005) verificaram, utilizando análises taxométricas, que a depressão será um constructo dimensional e não categorial. Obtiveram uma estrutura dimensional para todos os sintomas de depressão *major* do DSM-IV e para os diferentes domínios da depressão, como os sintomas de tipo emocional e os de tipo vegetativo.

Para Flett *et al.* (1997), este debate seria igualmente relevante para outras formas de psicopatologia, como por exemplo, a ansiedade, a esquizoidia ou as perturbações da personalidade. Também nestas áreas, segundo os autores, se tem colocado a questão de saber se as condições sub-clínicas e as condições diagnósticas em que se preenche um número suficiente de critérios seriam similares do ponto de vista qualitativo.

A este propósito parece-nos importante salientar o carácter paradigmático que a teorização e a investigação sobre a depressão pode ter para a psicopatologia em geral.

Para além da importância conceptual, a discussão em torno da continuidade tem uma importância pragmática, por exemplo, para a implementação da intervenção terapêutica. Se se postula uma continuidade entre as formas sub-clínicas e clínicas de depressão, então os indivíduos com formas sub-clínicas da perturbação requerem intervenção terapêutica, uma vez que experienciam mal-estar e disfuncionamento, mesmo que não preencham os critérios de diagnóstico (Flett *et al.*, 1997).

Blatt, D'Afflitti e Quinlan (1976) supõem que existe uma continuidade entre o normal e o patológico, entre a ausência e a presença de depressão, e consideram que as características internas dos indivíduos deprimidos poderão estar também presentes nos indivíduos que não estão clinicamente deprimidos. A depressão seria uma experiência interna, ou antes, um conjunto de experiências subjectivas que poderão estar presentes em sujeitos normais, ou seja, um indivíduo pode vivenciar experiências típicas dos depressivos sem estar clinicamente deprimido (veja--se também, Blatt, Quinlan, Chevron, McDonald e Zuroff, 1982). No mesmo sentido, Jones (1998) afirma que a depressão pode ser mais bem representada através de modelos dimensionais ou interpessoais, do que através de modelos categoriais, porque muitas das formas depressivas podem ser mais bem entendidas como extremos dos traços e comportamentos normais.

Para além dos modelos dimensionais de tipo interpessoal ou circumplexo, outra abordagem não taxonómica ao fenómeno psicopatológico em geral e à depressão em particular é a criação de descrições prototípicas, ou seja, descrições consensuais das características e traços do sujeito depressivo, descrições criadas empiricamente, por exemplo, com base na opinião de diversos clínicos ou teorizadores especialistas em depressão (Jones, 1998). Os pacientes podem depois ser avaliados em termos do grau em que se aproximam desse protótipo.

2 – O modelo de Sidney Blatt sobre a depressão

Segundo Blatt & Levy (1998), nos últimos 25 anos tem-se verificado uma mudança na visão sobre a depressão que passou a ser vista, não tanto como uma perturbação psiquiátrica, mas como uma estado afectivo disfórico que pode variar ao longo de um contínuo desde uma resposta breve, ligeira e mais ou menos adequada a acontecimentos de vida negativos até uma perturbação crónica grave e incapacitante, podendo envolver até distorções da realidade. Trata-se de uma visão da depressão que está de acordo com a hipótese da continuidade e que encara esta perturbação como um fenómeno complexo que emerge de acontecimentos disruptivos em indivíduos vulneráveis a deprimirem-se.

Para Blatt (1991), as abordagens da psicopatologia baseadas em sintomas e, supostamente ateóricas, contribuem pouco para a compreensão da psicopatologia e, consequentemente, para o seu tratamento.

Dada a dificuldade em conceptualizar diferentes tipos de depressão com base nas expressões sintomáticas, devido a uma grande heterogeneidade dos sintomas, quer nas populações clínicas, quer nas não clínicas (Blatt & Maroudas, 1992; Blatt *et al.*, 1982), resultando em subtipos normalmente muito heterogéneos (Blatt *et al.*, 1982), vários autores, nomeadamente Blatt, mas também Bowlby (1980), Arietti e Bemporad (1980) e Beck (1983), propuseram uma distinção entre tipos depressivos com base noutros critérios que não as expressões sintomáticas, como a *fenomenologia das experiências relevantes para os indivíduos* e que os podem conduzir à depressão (Blatt & Blass, 1992, p. 419; Blatt & Zuroff, 1992,

p. 527). A preocupação de Blatt foi, portanto, distinguir tipos de experiências depressivas sem se preocupar com o tipo ou gravidade dos sintomas manifestos de depressão (Campos, 2000a, 200b).

Blatt (1974; Blatt *et al.*, 1982) considera que, diferenciar tipos de experiências depressivas ou tipos de afecto depressivo, pode ser útil para compreender melhor a depressão, dada a sua complexidade e heterogeneidade e pode servir para compreender as origens e as múltiplas expressões que a depressão pode assumir (Blatt *et al.*, 1982).

Assim, podem distinguir-se tipos de depressão com base na natureza das experiências mais importantes para os indivíduos e que podem contribuir para o desencadear de sentimentos disfóricos. Um dos dois tipos de depressão proposto, o tipo anaclítico, inicia-se com perturbações nas *relações interpessoais* e é vivido, fundamentalmente, com sentimentos de perda, solidão e abandono e o outro tipo, introjectivo, é normalmente iniciado por perturbações no *sentido do self*, experienciando o sujeito, quando deprimido, sentimentos de falta de valor, culpa, fracasso e perda de controlo (Blatt & Levy, 1998).

Blatt (1974) recorre à conceptualização de vários autores para apoiar esta distinção entre uma depressão em que se acentua o componente de dependência e outra em que a culpa e o auto-criticismo assumem o papel central, distinguindo assim, no seu modelo, uma depressão anaclítica, simples ou de dependência e uma depressão introjectiva ou de auto-criticismo. Assim, as experiências dos indivíduos depressivos centrar-se-iam, respectivamente, à volta de duas dimensões básicas, o relacionamento e a definição do self, dimensões estas, que explicitámos já, pormenorizadamente, anteriormente neste capítulo (veja-se Blatt, 2004, para uma revisão teórica, empírica e clínica sobre os dois tipos de depressão; veja-se também Besser, 2005; Blatt & Shahar, 2005).

Os sentimentos centrais na depressão anaclítica, segundo Blatt (1974), são o desamparo, a fraqueza, o sentimento de se esvaziar (*deplection*), o medo de ser abandonado e o sentimento de não ser amado. Existem desejos marcados de ser cuidado, protegido e amparado. Há dificuldades em suportar a espera, uma busca desesperada de satisfação, uma necessidade intensa de ser amado, uma "luta desesperada para manter o contacto directo com o objecto…" (Blatt, 1974, p. 107) e um sentimento de ser incapaz de encontrar gratificação e conforto. Existe uma grande necessidade de contacto com o objecto, apresentando o sujeito anaclítico uma grande vulnerabilidade à perda desse objecto, a sentimentos de solidão, tristeza, rejeição e abandono (Blatt & Shichman, 1983), verificando-se uma quase total ausência de culpa (veja-se também Blatt, 2004). As relações são relativamente indiferenciadas, incorporativas, centradas na gratificação, de acordo com o modelo dos primeiros estádios de separação-individuação ou do estádio de simbiose. O objecto é valorizado pela sua capacidade de gratificação e de suprir as necessidades. Um sentimento de bem estar resulta da contínua obtenção de amor e gratificação. Quando o objecto se torna incapaz de manter esta situação e há um adiamento da gratificação e consequente sentimento de frustração e privação (Blatt & Shichman, 1983), podem gerar-se sentimentos de não ser amado e de desamparo (Blatt, 1974). A internalização das experiências de gratificação e do próprio objecto provedor é bastante fraca. Assim sendo, há uma constante exigência e necessidade da presença visível e física dos objectos (Blatt & Shichman, 1983), lidando o sujeito com a "separação e a perda objectal... através de meios primitivos, como a negação e uma busca frenética de substitutos" (Blatt, 1974, p. 117).

Na depressão introjectiva encontram-se sentimentos de desvalorização, de não ser amado e merecedor de amor, sentimentos de culpa e de não ter vivido de acordo com as expectativas, o que conduz à desaprovação e crítica por parte do objecto (Blatt, 1974). Encontra-se um super-eu severo, ideais muito exigentes, uma moralidade cerrada, uma constante auto-avaliação e culpa devido a tentações ou pensamentos de transgressão (Blatt & Shichman, 1983). Nesta forma de depressão existe um excesso de perfeccionismo, uma tendência para assumir a responsabilidade e o sentimento de não conseguir aceitação e reconhecimento. Há uma constante preocupação com poder ser punido. Existem sentimentos hostis e ambivalentes em relação ao objecto, mas que são difíceis de expressar por medo de perder o amor desse objecto (Blatt, 1974). A sua presença é necessária, não tanto para proporcionar gratificação como na depressão anaclítica, mas sim aceitação e aprovação. A introjecção e a identificação com o agressor substituem a negação como mecanismos de defesa. As relações com os objectos persistem para lá das experiências de gratificação e frustração e há preocupação em receber amor e aprovação. Há também a necessidade que o objecto possa aceitar o amor do próprio sujeito por ele. Existe, sobretudo, um medo de perder o amor, aprovação e aceitação do objecto e não tanto de perder o próprio objecto, como na depressão anaclítica (Blatt, 1974). As relações são, fundamentalmente, ambivalentes. Os conflitos são, principalmente, fálico-edipianos (Blatt & Shichman, 1983). O envolvimento excessivo do indivíduo introjectivo em várias actividades pode ser visto como um mecanismo de compensação de sentimentos de inferioridade, culpa, auto-crítica e desvalorização. Associando-se a ideias megalómanas e a uma compulsão à realização, está um sentimento de culpa e de vergonha por não ter estado à altura das expectativas, reflectindo a actividade do super-eu e a internalização de atitudes críticas e punitivas das figuras parentais. Tentativas de realização pessoal são levadas a cabo para obter aprovação e reconhecimento e compensar sentimentos de inadequação e de insucesso, estando perturbada a capacidade de satisfação *(enjoyment)* (Blatt & Maroudas, 1992). Mas um excessivo perfeccionismo e o sentimento de ser *obrigado a realizar* impossibilitam a satisfação com as realizações e sucesso do próprio (Blatt & Shichman, 1983).

Na depressão introjectiva "há um nível de desenvolvimento do ego superior e as relações encontram-se nos estádios mais tardios de separação-individuação" (Blatt, 1974, p. 118). As representações do self e do objecto encontram-se num nível superior de desenvolvimento. A vivência da culpa exige um sentido mais elaborado do self e uma capacidade de auto-reflexão e avaliação "das sequências de causalidade, quer assumindo a responsabilidade por um acto, quer considerando modos alternativos... de reparação" (Blatt, 1974, p. 119).

Os dois tipos de perturbações depressivas, anaclítica e introjectiva, podem ser relativamente moderados ou atingir níveis bastante graves (Blatt, 1974). Enquanto estados afectivos ou experiências depressivas, podem variar em intensidade, desde constituir experiências passageiras e moderadas, até estados clínicos profundos e graves (Blatt, 1974, Blatt *et al.*, 1976).

De referir ainda que, no modelo de Blatt, os tipos anaclítico e introjectivo, para além de poderem ser entendidos como dois tipos de depressão ou de experiências depressivas, podem igualmente ser vistos como dois estilos de personalidade que podem constituir, como referimos antes, factores de vulnerabilidade ou predisposição à depressão. Os indivíduos com um estilo de personalidade dependente (anaclítico) ou com um estilo de personalidade auto-crítico (introjectivo) estariam vulneráveis a vivenciar estados depressivos perante acontecimentos de vida stressantes. Os dependentes seriam sobretudo susceptíveis, como já dissemos, a acontecimentos perturbadores na esfera interpessoal e os auto-críticos a acontecimentos perturbadores na esfera da realização pessoal e da auto-definição. Os primeiros apresentariam sobretudo, quando deprimidos, depressões anaclíticas ou de dependência e os segundos depressões introjectivas ou de auto-criticismo. Os dois tipos de vulnerabilidade para a depressão teriam origem em momentos diferentes do desenvolvimento, constituindo-se como consequência de tipos específicos de interacções perturbadas com as figuras significativas (Campos, 2000c, 2001, 2002).

Assim, os dois tipos de perturbações depressivas, anaclítica e introjectiva, constituem-se como resultado de interacções disfuncionais com as figuras parentais e consequente estruturação de representações internas perturbadas dessas figuras, que seriam os *antecedentes distais* das formas depressivas (veja-se por exemplo, Blatt, 2004; Blatt & Homann, 1992). Alguns estudos (veja-se Blatt, 2004 para uma revisão detalhada; e. g. Blatt, Wein *et al.*, 1979; Dahn, 2000; Karoly & Ruehlman, 1983; Quinlan *et al.*, 1992), mostraram que existe uma relação entre a qualidade das representações objectais, das figuras parentais e os tipos de depressão definidos por Blatt e (ou) mostraram que existe uma relação entre representações objectais e sintomas depressivos avaliados por inventários de sintomas, como por exemplo a Escala de Zung. Alguns dos estudos, para avaliar as representações internas, utilizaram metodologias em que os sujeitos descrevem, retrospectivamente, os seus pais e noutros, menos numerosos, usaram-se avaliações clínicas das experiências precoces dos pacientes. Em alguns casos ainda, utilizaram-se questionários (e. g. *Parental Bonding Instrument*) ou diferenciais semânticos.

Verifica-se que comparações entre indivíduos com e sem depressão mostram que os primeiros relatam mais experiências negativas com os pais (e. g. Blatt, Wein *et al.*, 1979; Burbach & Borduin, 1986). Os sujeitos depressivos relembram as suas mães e pais como não cuidadores, rejeitantes e excessivamente críticos e punitivos (Blatt, 2004). Segundo este autor, pais excessivamente críticos, punitivos, negligentes e privadores, podem constituir um percursor para a depressão nos adultos. Schwarz e Zuroff (1979) obtiveram uma correlação significativa entre depressão medida pelo BDI e a *inconsistência no afecto do pai* e a *inconsistência no afecto da mãe*.

Blatt, Wein *et al.* (1979) estudaram as relações entre experiências depressivas e as representações parentais em indivíduos não clinicamente deprimidos. Pediram a universitários que descrevessem, num máximo de duas páginas, ambos os pais. As descrições foram codificadas relativamente ao nível de representação (do sensório-motor ao conceptual) Os sujeitos responderam também ao Questionário de Experiências Depressivas (QED) (Blatt, D'Afflitti *et al.*, 1979). De forma a compreender melhor a relação entre o tipo de experiências depressivas e o nível conceptual das representações objectais, os sujeitos foram divididos em quatro grupos, com base na mediana dos resultados nos três factores do QED. O grupo de dependência (resultados elevados em dependência e baixos nos restantes dois factores) e o grupo misto (resultados elevados em dependência e auto-criticismo e baixos em eficácia) obtiveram o nível conceptual mais baixo. O grupo não depressivo (resultados elevados em eficácia e baixos nos outros dois factores) obteve o nível conceptual mais alto e o grupo de auto-criticismo (resultado elevado em auto-criticismo e baixo nos restantes dois factores) situou-se num ponto intermédio. Os resultados mostram, na opinião dos autores, que os aspectos estruturais (nível da representação) e não apenas os possíveis aspectos de conteúdo da representação, se relacionam com o tipo de experiências depressivas.

Por outro lado, Blatt, Wein *et al.* (1979) verificaram que o resultado na escala de auto-criticismo, mas não o da escala de dependência, se correlacionava negativamente com o factor de avaliação dos conceitos de pai e de mãe de um diferencial semântico construído pelos autores. Além disso, obtiveram correlações significativas e negativas entre o factor de avaliação dos conceitos de mãe e de pai do diferencial semântico e a Escala de Zung e entre o factor de actividade do conceito de pai e a mesma escala.

McCraine e Bass (citados por Thompson & Zuroff, 1998) referem que os auto-críticos tendem a relembrar os pais como dando grande importância a níveis elevados de realização. Os dependentes tendem a recordar a figura materna como controladora, dominante, interferindo com os esforços de independência e autonomia da criança.

Quinlan *et al.* (1992) verificaram que a descrição de ambos os pais como benevolentes se correlacionava negativamente com a depressão medida pela Escala de Zung e com o factor de auto-criticismo do QED, mas não se correlacionava com o factor de dependência. A descrição da mãe como punitiva correlacionava-se positivamente com a pontuação na escala de Zung e com o factor de auto-criticismo. A descrição do pai como punitivo correlacionava-se positivamente com a pontuação na escala de Zung. A dimensão punitiva tem uma implicação mais negativa quando se refere à figura materna, do que quando se refere à figura paterna. Por outro lado, as qualidades intelectuais e de ambição têm um significado positivo, quando referentes à figura paterna, mas não quando referentes à figura materna. Serão estas e outras características dos pais, tal como são percebidas pelos sujeitos (conteúdos das representações) que, interagindo com as próprias características dos indivíduos, poderão conduzir à perturbação depressiva.

Ao contrário do que acontece com o auto-criticismo, verifica-se que existe uma fraca associação entre a descrição da relação com as figuras paternas como inconsistente, ou da sua dádiva de amor como inconsistente e a dependência (Blatt & Zuroff, 1992). Segundo Blatt e Zuroff, talvez isto se deva ao facto de os indivíduos dependentes serem incapazes de reconhecer e expressar a sua raiva em relação aos pais. Poderá dever-se à sua incapacidade de lembrar acontecimentos dolorosos para si ou que podem evocar sentimentos de insatisfação com os outros; os acontecimentos perturbadores da infância podem não ser lembrados devido a mecanismos defensivos (Santor & Zuroff, 1998). Poderá ser mais difícil medir retrospectivamente antecedentes deste tipo de depressão, uma vez que se trata de comportamentos parentais que ocorreram muito precocemente. De salientar ainda que a dependência nos adultos poderá não ser uma resultante da inconsistência dos cuidados, mas mais de uma falha importante, de uma quebra ou perturbação dramática da relação de cuidado, ou ainda de uma atitude hiper-protectora, em que a criança não aprende a cuidar de si própria (Blatt & Zuroff, 1992).

O modelo de Blatt é compatível, por exemplo, com a visão de Wilson (1988), segundo a qual, as manifestações anaclíticas da depressão podem ser distinguidas, conceptualmente, das experiências relacionadas com a depressão de culpa. Quanto menos integrado for o super-eu, mais provável será a experiência da depressão de vazio. Também o nível de representação objectal e o nível de coesão do self determinariam estes dois tipos de depressão. A depressão de culpa exige, como referimos no capítulo I, um nível ideativo sofisticado. Por outro lado, "o afecto depressivo anaclítico marca uma falha na actividade auto-regulatória, consequente a uma desarmonia [na relação] primária criança-cuidador" (Wilson, 1988, p. 446). Mas, apesar das depressões anaclítica e introjectiva serem geralmente vistas como situadas em diferentes níveis do desenvolvimento, na realidade, segundo Wilson (1988), o afecto depressivo anaclítico pode ocorrer, e ocorre mesmo, com frequência, em qualquer nível de desenvolvimento, mesmo nos mais evoluídos. Embora pré-edipiano e resultando de um tipo particular de relação de objecto, nem sempre tem um significado psicopatológico grave. Esta ideia de que o afecto anaclítico pode ocorrer em qualquer nível de desenvolvimento é considerada por Blatt (comunicação pessoal, 2005).

Capítulo V – Modelos dimensionais da depressão

Apesar de terem inicialmente sido identificadas e avaliadas em populações não clínicas (Blatt *et al.*, 1976) através do QED, as duas dimensões depressivas parecem, na opinião de Blatt *et al.* (1982), fornecer uma tipologia adequada para compreender a depressão na população clínica. No entanto, estas duas dimensões tendem a co-ocorrer mais frequentemente neste último grupo. As formas mais graves de depressão parecem ser "uma consequência da combinação destas duas fontes de depressão, que ocorrem de forma relativamente independente em sujeitos não [perturbados]…." (Blatt *et al.*, 1982, p. 121). O que parece ocorrer, para que esta perturbação mista constitua uma situação mais grave, é que uma dependência muito significativa pode conduzir a um sentimento de fraqueza e de ter falhado e, ao mesmo tempo, tentativas para compensar os sentimentos de inadequação podem interferir com a gratificação dos desejos de dependência, deixando o sujeito com um conflito interno, numa luta que o predispõe a intensos e profundos sintomas depressivos (Blatt *et al.*, 1982).

Para Blatt *et al.* (1982) parece existirem diferenças importantes entre tipos de pacientes definidos pelas escalas de dependência e auto-criticismo do QED, ou seja, a dependência e o auto-criticismo serão dimensões primárias da depressão que diferenciam tipos de depressão num contexto clínico. Concluem os autores que as dimensões psicológicas ou as experiências subjectivas da depressão poderão ser mais úteis no estabelecimento de tipos depressivos do que os critérios sintomáticos, que serão mais importantes na avaliação da gravidade da doença.

De qualquer forma, verifica-se que as pontuações nas escalas de dependência e de auto-criticismo do QED tendem a ser mais elevadas em amostras de depressivos relativamente a amostras não clínicas. Klein, Harding *et al.* (1988) e Rosenfarb, Becker, Khan e Mintz (1998) verificaram que mulheres com depressão *major* apresentavam resultados significativamente mais elevados em dependência e em auto-criticismo do que os sujeitos de uma amostra não psiquiátrica. Bagby, Parker, Joffe, e Buis (1994) obtiveram resultados semelhantes para ambos os sexos. Bagby, Schuller *et al.* (1994) verificaram que pacientes com depressão *major* de ambos os sexos apresentavam, quer antes, quer após recuperação do estado agudo, resultados significativamente superiores a indivíduos não deprimidos. Lehman *et al.* (1997) verificaram que pacientes depressivos apresentavam resultados superiores a indivíduos de uma amostra não psiquiátrica nas duas escalas.

3 – Outros modelos dimensionais da depressão ou aplicados à depressão

Apesar de evidentes diferenças, outros autores apresentam modelos sobre a natureza da depressão que têm semelhanças com o modelo de Blatt. Bowlby (1980), de um ponto de vista etológico e tendo também por base a teoria das relações de objecto, distingue os indivíduos com uma vinculação insegura dos indivíduos compulsivamente centrados no self. Beck (1983), do ponto de vista cognitivo, descreve dois tipos de depressão que apresentam também aspectos em comum com os tipos propostos por Blatt: a depressão de sociotropia e a depressão de autonomia. Arieti e Bemporad (1980), de um ponto de vista interpessoal, distinguem dois tipos de depressão e de personalidade, uma depressão de outro dominante (*dominant other*) e uma depressão de objectivo dominante (*dominant goal*). No primeiro tipo, o sujeito tem como principal fim ser passivamente gratificado pelo objecto. Reage à perda de amor e aprovação tentando desenvolver uma relação dependente e infantil com o outro dominante. No segundo caso, o indivíduo procura ser reconhecido no seu valor e viver sem culpa. Reage à perda sentindo que tem de se submeter às exigências do outro. O indivíduo tenta recuperar o amor e a aprovação do outro dirigindo todos os seus esforços para um objectivo dominante que se torna um fim em si mesmo. A depressão gera-se quando o outro dominante ou o objectivo dominante se perdem. Também o modelo de Coimbra de Matos (1986, 2001, 2002a, 2003) que desenvolveremos na secção seguinte apresenta evidentes semelhanças com o modelo de Blatt, ao distinguir tipos de depressão próximos dos propostos por este último.

Os quatro grupos de investigadores, Blatt e colegas, Beck, Bowlby e Arietti e Bemporad, "diferenciam uma depressão focalizada em questões interpessoais, como dependência, desamparo e sentimentos de perda e abandono e uma depressão focalizada em questões de auto-definição, como autonomia, auto-crítica, valor próprio e sentimentos de fracasso e culpa" (Blatt & Levy, 1998, p. 93).

Um modelo clínico, claramente de cariz dimensional e com uma forte influência na literatura da área, é o modelo tripartido da ansiedade e da depressão de Clark e Watson (1991). Estes autores consideram no seu modelo três dimensões fundamentais que permitiriam diagnosticar e diferenciar as perturbações depressivas e ansiosas: o stress geral (afectividade negativa), a hiper-activação psicofisiológica e a anedonia (ausência de afectividade positiva). Níveis elevados do componente inespecífico (stress geral) seriam comuns à depressão e à ansiedade, apesar de um

Capítulo V – Modelos dimensionais da depressão 117

nível baixo deste componente geral se poder encontrar em sujeitos com patologias ansiosas muito específicas, como por exemplo, a fobia simples. Uma diferenciação mais fina entre os dois tipos de perturbações seria dada pelas outras duas dimensões. A hiper-activação psicofisiológica caracterizaria a ansiedade pura, e a anedonia, a depressão. Por outro lado, níveis elevados de afectividade negativa e simultaneamente níveis elevados, ou contrariamente, baixos ou moderados em ambas as dimensões específicas, assinalam provavelmente uma perturbação mista o que, segundo os autores, justificaria a inclusão nos sistemas de classificação de um diagnóstico de ansiedade-depressão. Se os níveis das duas dimensões específicas forem moderados, o diagnóstico será provavelmente o de ansiedade-depressão moderada. Se os níveis forem elevados será o de ansiedade-depressão grave. Os pacientes preencherão os critérios para ambos os tipos de perturbação num determinado momento ou ao longo de um determinado período, porque segundo Clark e Watson, da mesma forma que as perturbações bipolares, "os episódios de marcada ansiedade e episódios depressivos [com marcada anedonia] não ocorrem necessariamente de forma simultânea nestes pacientes" (p. 332). Desta forma, poderiam entender-se melhor as síndromas afectivas em termos das suas semelhanças e diferenças.

Tellegen (citado por Klein *et al.*, 1993) considera, com base na análise de estudos factoriais sobre o humor, que existem duas dimensões independentes, o afecto positivo e o afecto negativo. Estes dois tipos de afecto e as suas formas paralelas ao nível dos traços, a afectividade negativa e a afectividade positiva, influenciariam as dimensões básicas da personalidade, sendo que determinadas variáveis de personalidade, como por exemplo a extroversão, seriam mediadoras entre as experiências afectivas e o comportamento interpessoal, neste caso, por exemplo, a dominância, a segurança e a confiança. De alguma forma, podemos pensar que é o oposto do que é postulado pelo FFM, em que seriam as dimensões da personalidade que influenciariam as experiências afectivas.

Embora o modelo de Tellegen não tenha sido estudado especificamente com indivíduos com depressão, pode pensar-se que esta seria, fundamentalmente, caracterizada por um nível baixo de afectividade positiva (Klein *et al.*, 1993). Segundo Klein *et al.*, também é possível inferir, com base em resultados empíricos, que o depressivo seria caracterizado por uma constelação composta por um nível reduzido de afectividade positiva, traços de personalidade (introversão) e uma orientação interpessoal de fraca confiança, fraca dominância e fraco entusiasmo.

Afirmam que este modelo considera a personalidade e a psicopatologia como estando organizadas em torno de processos afectivos comuns, sendo o conceito de *afecto,* central, quer para a personalidade, quer para a depressão que, em sua opinião, estão *inextrincavelmente entrelaçadas* (p. 33).

As dimensões do afecto negativo e do afecto positivo têm uma forte relação empírica e conceptual com os factores do neuroticismo e da extroversão do Modelo dos Cinco Factores (FFM) (Ryder *et al.*, 2002).

Aliás, este modelo, na opinião de Petot (citado por Lima & Simões, 1998) pode ser útil para dar conta de diferentes quadros clínicos ansiosos e depressivos com base na pontuação obtida nas seis facetas do domínio neuroticismo (ansiedade, depressão, hostilidade, impulsividade, vulnerabilidade e auto-conscienciosidade). Segundo Petot, pelo facto de estar estruturado em dois níveis, as dimensões e as facetas, o modelo dos cinco factores permitiria uma análise muito fina das particularidades comportamentais, cognitivas e afectivas de pacientes com perturbações ansiosas e depressivas. Parece que o modelo dos cinco factores é, inclusivamente, útil para distinguir diferentes tipos depressivos. Chopra *et al.* (2005), por exemplo, concluíram que o FFM permitia distinguir pacientes com depressão *major* atípica de pacientes com depressão *major* sem este especificador.

Bagby, Joffe, Parker, Kalemba e Harkness (1995) aplicaram a versão original do NEO-PI-R a um grupo de pacientes deprimidos no início do tratamento e três meses depois. Os pacientes que recuperaram apresentavam em média, na admissão, um valor dois desvios padrão acima da média da amostra normativa do NEO-PI-R na escala de neuroticismo e um desvio padrão acima na segunda avaliação. Também se verificou um padrão semelhante para uma baixa extroversão, embora menos marcado. A extroversão foi o melhor preditor do sucesso terapêutico. Os autores referem que o neuroticismo pode ser um factor de predisposição para a depressão *major*. Mas ambas as dimensões sofreram alterações em função da intensidade da depressão o que, dificilmente, pensamos, suporta a ideia de que serão apenas traços pré-mórbidos para a depressão.

Num estudo mais recente, Bagby *et al.* (1997) verificaram que, numa amostra de pacientes depressivos recuperados, a média no factor de neuroticismo era um desvio padrão acima da média da amostra normativa do NEO-PI-R, a média no factor de extroversão era meio desvio-padrão abaixo e a média no factor de conscienciosidade era um desvio-padrão abaixo.

Numa abordagem diferente, Harkness, Bagby, Joffe e Levitt (2002) compararam indivíduos em remissão de um episódio de depressão *major* sobreposto a um diagnóstico de depressão crónica *minor* de acordo com os *Research Diagnostic Criteria* de Spitzer *et al.* (1978)[2] com um grupo de pacientes apenas em remissão de um episódio de depressão *major*. Os primeiros apresentavam resultados mais baixos em amabilidade e uma tendência para resultados mais elevados em neuroticismo que era praticamente suportada pela elevação da faceta de hostilidade. Concluem Ryder *et al.* (2002) que esta combinação de baixa amabilidade e elevada hostilidade faz lembrar o traço de negativismo e crítica dos outros (*é negativista, crítico e preconceituoso em relação aos outros*) da perturbação depressiva da personalidade (APA, 2000/2002, p. 789).

Chioqueta e Stiles (2005) verificaram, em estudantes universitários, através de uma análise da regressão, que os sintomas depressivos eram previstos pelos factores de neuroticismo, abertura à experiência e extroversão (resultados baixos), medidos pelo NEO-PI-R. Ao nível das facetas, foram as de hostilidade e depressão (do domínio de neuroticismo), acções (do domínio de abertura à experiência) e um resultado baixo em emoções positivas (do domínio de extroversão), as que permitiram prever os sintomas depressivos.

Outro tipo de formulações não categoriais são os modelos interpessoais, incluindo os modelos circumplexos, como é o caso do de Leary (1957). O modelo de Leary sofreu posteriormente diversas modificações e melhoramentos de outros autores, como Carson, Kiesler e Birtchnell, e não vamos apresentá-lo em detalhe. De uma forma sucinta podemos dizer que, inicialmente, postulava duas dimensões básicas: dominância-submissão e amor-ódio. Combinando estas duas dimensões, obtinha-se um circumplexo com quatro estilos fundamentais. Mais tarde o modelo tornou-se mais complexo, sendo possível determinar outros estilos básicos, que também não deviam ser vistos como categorias, mas como variáveis dimensionais, sendo que o sujeito poderia apresentar diferentes estilos, em diferentes graus e em diferentes contextos. Nesta teoria, a depressão estaria sobretudo ligada à dimensão dominância-submissão, encaixando-se muito bem na perspectiva evolucionista que defende a percepção do poder social como sendo um aspecto determinante na depressão (Gilbert, 1992). Importaria também, de alguma forma, considerar a outra dimensão, ou seja, distinguir uma submissão dócil de uma submissão hostil. Apesar de submisso, o depressivo poderia ser hostil. Birtchnell (citado

---

[2] Trata-se de uma categoria com aspectos da distímia e também da perturbação depressiva da personalidade.

por Gilbert, 1992) reformula o modelo de Leary, designando as dimensões existentes por superioridade-inferioridade (*upperness-lowerness*) (poder) e proximidade-distância (proximidade). Isto porque, em sua opinião, o modelo inicial confundia aspectos relacionais (dominância) com aspectos emocionais (amor-ódio). Nesta reformulação, os afectos, nomeadamente o amor e o ódio, podem ocorrer em qualquer posição do sistema interpessoal. Ou seja, o sujeito pode deprimir-se devido a uma proximidade excessiva ou devido a uma distância excessiva. A dimensão central seria uma terceira, *controlo social percebido*, dando ao modelo um aspecto tridimensional. Se uma pessoa puder controlar as suas diferentes possibilidades interpessoais, então é menos provável sentir o afecto negativo. De qualquer forma, Birtchnell concorda também que a depressão se associa com a posição de *lowerness* – falta de poder.

4 – O modelo de Coimbra de Matos sobre a depressão

Importa voltarmos a situar claramente a nossa perspectiva no sentido da unicidade das perturbações depressivas, ou seja, afirmar a ideia de que o mais importante é caracterizar o sujeito depressivo e compreender o seu funcionamento interno e não tanto discriminar quadros clínicos e atender a uma nosografia estrita que deixa pouco espaço para o estudo das diferenças inter-individuais e para a compreensão da heterogeneidade dentro de um tipo de patologia. Matussek *et al.* (1986) referem, a este propósito, que os autores da escola psicanalítica dão pouca relevância ao diagnóstico diferencial e mesmo quando consideram existir diferenças nos diagnósticos, não as consideram significativas, concebendo uma teoria genérica sobre a psicodinâmica da depressão.

Apresentaremos agora em detalhe um modelo sobre a patologia depressiva, como exemplo de um modelo unicista e dimensional e também da visão psicanalítica da depressão, o modelo de Coimbra de Matos.

4.1 – *Características gerais do modelo*

Como afirma Coimbra de Matos (2002a, p. 17), a patologia mental de cariz "funcional.... é um contínuo, isto é um fenómeno de espectro; vai da mais grave à normalidade ou saúde mental, sem soluções de continuidade. Os quadros clínicos que descrevemos e os modelos teóricos que

Capítulo V – Modelos dimensionais da depressão

criamos resultam de uma arrumação descritiva... ou servem uma finalidade epistemológica explicativa", e é preciso estarmos "bem cientes que toda a tentativa de divisão e sistematização do fenómeno anímico é no fundo artificial e aleatória" (p. 204).

Em psicopatologia dinâmica, o diagnóstico do quadro clínico, a nível meramente fenomenológico, sintomático, tem cada vez menos interesse, sendo sem dúvida mais importante um diagnóstico menos estático, observando determinadas linhas [contínuos] de psicopatologia – linha depressiva, linha ansiosa, ou narcísica, por exemplo (Coimbra de Matos, comunicação pessoal).

A perspectiva de Coimbra de Matos sobre a psicopatologia em geral e sobre a depressão em particular assenta na teoria das relações de objecto e é por isso que afirma que não faz sentido falar em patologia sem falar na relação do indivíduo com as figuras significativas. Na perspectiva deste autor, "somente o ponto de vista da relação de objecto nos permite uma teoria coerente da vida mental, ultrapassando os pontos de vista importantes, mas parcelares, da 'Teoria dos Instintos' e da 'Psicologia do Eu'" (Coelho, 2002). É evidente para Coimbra de Matos que "a maioria das perturbações psíquicas não são de origem orgânica, são perturbações relacionais…. Quando encontramos perturbações individuais, não podemos esquecer que elas significam uma perturbação das relações entre os indivíduos" (Coimbra de Matos, 2002a, p. 454). A patologia mental funcional " é uma patologia da adaptação ao mundo objectal… as doenças mentais são doenças da relação" (Coimbra de Matos, 2002a, p. 328), resultando "de relações interpessoais patológicas e patogénicas internalizadas…." (Coimbra de Matos, 2002b, p. 263).

Na depressão, o fenómeno central é a perda afectiva na infância, perda do bom objecto ou do amor do objecto. Na anamnese do depressivo encontram-se sempre "abandonos" ou perda de investimento por parte do objecto – e a partir daí, o sofrimento de amar e depender de alguém abandonante (Coimbra de Matos, 2001).

A ideia da perda, já presente como referimos antes, em Freud, no seu texto *Luto e Melancolia,* impregna a visão psicanalítica da depressão. Segundo Chappa (2003f) existe um acordo em geral entre os autores, quanto ao papel da perda na depressão. Haynal (1978) por exemplo, reforça a ideia de que a depressão é sempre um sinal de perda, sendo que o depressivo é incapaz de ultrapassar o problema da perda, ao contrário do neurótico que utiliza mecanismos defensivos vários para a manter sob controlo. As pessoas "com estruturas depressivas... vivem com o problema insolúvel da perda constante e estão convencidas que são falhados e estão constantemente a desiludirem-se" (p. 170). O depressivo tem sempre a sensação de que lhe falta algo, embora não saiba muito bem o que é. É o afecto materno. Pode ter tudo mas isso não teve, pelo menos como desejou, não se sentiu amado, de que resulta o afecto doloroso da falta de afecto - é o verdadeiro sofrimento depressivo. O depressivo tem dificuldade em sentir prazer e tem um sentimento de vazio. É saudoso de um passado perdido, mas sempre presente na sua realidade interior (Coimbra de Matos, 2001).

Por outro lado, a relação do depressivo com o outro é sempre uma relação 'assimétrica', porque a depressão acontece sempre, segundo Coimbra de Matos (2002c) quando "estamos numa situação em que damos mais afecto do que recebemos... [é o que este autor chama] economia depressiva" (p. 242).

Na idade adulta, o indivíduo vai reagir à perda, deprimindo-se. Se não estruturou uma personalidade depressiva, reage apenas com o que Coimbra de Matos chama uma *depressão normal*, mas se é um depressivo, reage com uma depressão sintomática, clínica, no sentido de poder ser observada. Esta depressão é mais intensa, mais duradoura e mais invasiva. O indivíduo normal, de personalidade pós edipiana, tem a capacidade de se poder deprimir, fazer um trabalho de luto em face de uma perda, fazer uma *depressão normal*, reactiva, em face da perda – fala-se neste caso de *depressibilidade* (Coimbra de Matos, 1985). E não é só a perda afectiva que pode desencadear depressão. A perda narcísica, resultante do insucesso e a perda de poder, de empossamento e dos direitos próprios também (Coimbra de Matos, comunicação pessoal). Mas o que condiciona a resposta depressiva, em última instância, não é apenas o factor externo de perda de afecto ou o sentimento interno de ter sido afectivamente abandonado: a atitude do sujeito que se deprime é um factor de extrema importância na génese e desenvolvimento da depressão. Coimbra de Matos (1996) salienta a importância dos factores de percurso, as causas intermediárias, a organização mental progressivamente estabelecida, com a sua forma de reagir específica. O retorno cíclico e repetitivo da resposta de tipo depressivo conduz quase só por si à retirada do real e da expectativa do futuro, para focar a libido no reinvestimento do passado e na incarnação da fantasia.

Coimbra de Matos (1986) refere 3 aspectos essenciais que definem a estrutura da depressão: *a dependência oral-anaclítica*, a *insuficiência da compleição narcísica* e a *severidade do super-eu*, características que,

Capítulo V – Modelos dimensionais da depressão

de alguma forma, tinham já sido descritas por Freud, em *Luto e Melancolia*, como referimos no capítulo I e que são, também, como referimos no capítulo II, retomadas por Blatt e por Kernberg.

O estilo relacional do depressivo é o de uma marcada dependência de um objecto provisor e protector, dependência esta que se prolonga para além da adolescência. Nas personalidades depressivas mais graves, predominam as relações de cunho simbiótico ou mesmo adesivo. Já à saída da organização depressiva, encontram-se as relações pseudo-recíprocas, de uma reciprocidade falhada, em que o depressivo pede sempre mais e recebe sistematicamente menos. Dada a escassez de comportamentos de autonomia, êxito e progressão evolutiva, travados entre outras coisas pelo medo da perda do objecto e pela ansiedade narcísica, a esperança no sucesso pessoal esbate-se e acaba por desaparecer. Complementarmente, perde-se também a expectativa confiante no amor dos objectos, e faltando a esperança libidinal, procura-se reforçar a segurança do lado da dependência.

A carência "narcísica, a baixa auto-estima e o self real diminuído, auto-imagem desvalorizante e pequenez do auto-conceito são as duas faces – investimental e representativa – da figura circulante do sujeito quando se toma como objecto de mercância: não ser ou ser, e em que medida e de que forma, o objecto do desejo do seu objecto" (Coimbra de Matos, 1986, p. 77). Mas também, "ser ou não ser objecto temido e de inveja ou do ciúme do rival narcísico... [e ser ou não ser aquele] que na luta domina... aquele que sabe dizer não e que consegue impor o sim" Tem um território, um espaço e um tempo próprios. "É este movimento do narcisismo anal que prepara o falo-narcisismo – o tempo da afirmação fálica e consolidação da auto-imagem sexuada... ponto crucial [do cimentar]... da solidez narcísica ou por outro lado da estabilização da vulnerabilidade depressiva" (p. 77). O narcisismo começa por ser dependente, a auto estima tem que nascer no olhar do outro (no apreço do outro, do objecto), e passa a ser progressivamente um narcisismo autárcico em que a auto-imagem é reflectida no espelho interior e que dá o sentimento de competência, de potência suficiente, entre a impotência depressiva e a omnipotência maníaca. É este sentimento de competência que falta no depressivo.

Coimbra de Matos (1986) considera também que no depressivo se verifica uma enorme severidade e implacabilidade do super-eu. O objecto internalizado converte-se numa instância crítica, que castra a expansividade do eu. Trata-se de um super-eu precoce de origem materna e pré-

-edipiana. Nas personalidades depressivas neuróticas, no limite da organização depressiva e no limite da organização neurótica, encontramos um super-eu, ainda que severo, menos cruel, impondo restrições específicas: tudo é permitido, excepto o que é expressamente proibido. Quanto mais precoce é a patologia mais severa é esta instância psíquica do depressivo. A culpabilidade mais ou menos presente em qualquer estrutura depressiva resulta da tensão entre o eu e o super-eu. Quando os comportamentos, desejos, intenções estão em desacordo com a lei interna do super-eu são reprovados e geram culpabilidade. Esta culpa manifesta-se por dois tipos de conduta: renuncia à concretização do impulso – conduta de desistência – e comportamento masoquista com inflexão sobre si mesmo da agressividade e auto-punição. Com esta conduta de castigo auto-infligido, o indivíduo espera o perdão do super-eu. Daqui resulta que na estrutura depressiva há a inflexão para dentro da agressividade, condicionada pela estrutura masoquista do eu e sadismo do super-eu. O depressivo sofre de uma culpa sem sentido porque aceitou sem crítica a culpabilização explícita ou implícita de que foi objecto, e não pode deixar de se sentir culpado, embora não tenha razões objectivas e lógicas para isso (veja-se também Coimbra de Matos, 2001).

Coimbra de Matos (1987, p. 3) refere que "na história do depressivo a natureza – o id – foi abafado, o super-eu – representante da cultura – hipertrofiado, e o eu – resultante da experiência – mal desenvolvido". Fazem, por conseguinte, parte da sua estrutura, a "obediência automática à autoridade, a negação dos instintos e a ausência de experiência.... Objecto dominador e idealizado, instintos amaldiçoados, experiência subvalorizada, foi o percurso infantil do depressivo". Concomitantemente com este super-eu, existe um ideal do eu de exigência extrema que resulta num perfeccionismo *para bem fazer* e que provoca um esgotamento do indivíduo, um consumo excessivo de libido ideal para abafar a agressividade (Coimbra de Matos, 1986). O sentimento de ter falhado e o medo de falhar, o sentimento de incapacidade, é extremamente característico dos depressivos, ligado não só com o defeito do eu, como também com a exigência do ideal do eu. A persistência de um eu ideal infantil põe o depressivo na posição de défice permanente. Prisioneiro de um passado sempre insatisfatório, o que faz com que as relações actuais nunca sejam suficientemente bem vividas, o que vai acumulando frustrações. O presente lembra constantemente o que se perdeu fazendo o sujeito retirar-se para fantasias nostálgicas e regredir para projectos ultrapassados, situação que é agravada pela inibição fóbica que sempre existe.

4.2 – Depressão falhada, depressão anaclítica e depressão introjectiva

O esquema tridimensional da organização depressiva referido (*dependência oral-anaclítica*, *insuficiência da compleição narcísica* e *severidade do super-eu*) possibilita a distinção de 3 modelos clínicos de depressão (Coimbra de Matos, 1986): a depressão simples, anaclítica ou de desamparo, a depressão narcísica ou de inferioridade e a depressão de culpa ou masoquista[3]. Estas duas últimas, em conjunto, formam a depressão introjectiva. Por outro lado, estas três formas depressivas podem ser distinguidas em conjunto, como veremos, da depressão falhada.

A depressão simples ou de desamparo é de certo modo próxima da depressão essencial de P. Marty. Mais tarde, Coimbra de Matos (2002a) afirma que esta depressão, anaclítica, por oposição à depressão introjectiva, é a depressão que se encontra na estrutura *borderline*, com vazio depressivo por perda objectal e angústia de separação.

Um segundo tipo de depressão seria a depressão narcísica ou de inferioridade, onde predominariam os sentimentos de inferioridade e a ruína narcísica. O sujeito sentiria uma discrepância ou conflito narcísico, haveria uma disparidade entre a auto-imagem vivida como real e o eu ideal/ideal do eu, a imagem idealizada e desejada do próprio; verifica-se uma perda projectiva da idealidade, uma idealização do outro/desidealização do próprio (Coimbra de Matos, 1982a, 1986, 2001).

Um terceiro modelo de depressão seria a depressão de culpabilidade ou depressão masoquista, onde predominariam os sentimentos de culpa e uma inflexão interna da agressividade e consequente desculpabilização do objecto. Defensivamente, o sujeito projectaria as partes boas do self e haveria uma introjecção maligna, uma apropriação das propriedades negativas do objecto, sobretudo das injunções culpabilizantes emitidas por ele (Coimbra de Matos 1982a, 1986, 2001).

As depressões nunca são, para Coimbra de Matos, quadros puros, quando muito predominam determinadas características, preferindo o autor designá-las como do tipo anaclítico, narcísico ou melancólico, consoante predominam os sentimentos de desamparo, de inferioridade ou de culpa.

É curioso notar que os dois últimos modelos de depressão se podem reduzir a apenas um, a que mais tarde o autor denomina de *depressão*

---

[3] Em alguns escritos Coimbra de Matos refere-se a este tipo de depressão como depressão melancólica.

introjectiva (Coimbra de Matos, 2002a, 2003). Já anteriormente o autor afirmava que se verifica habitualmente, que quando um dos sentimentos, culpa ou inferioridade, está presente, o outro permanece inconsciente, não havendo depressões narcísicas ou de culpabilidade puras. (Coimbra de Matos, comunicação pessoal).

Assim sendo, a perspectiva do autor aproxima-se, de forma evidente, da de Blatt, ainda mais, se considerarmos esta ideia de que sentimentos de culpabilidade e de desvalorização coexistem normalmente, como é próprio da depressão introjectiva de Blatt (Campos, 2000a).

Apesar disso, existem também diferenças entre as duas perspectivas, embora mais subtis, no sentido de que a distinção entre dois modelos de depressão, depressão anaclítica e depressão introjectiva, é mais acentuada na perspectiva de Blatt do que na perspectiva de Coimbra de Matos. Este último afirma que a "depressividade é um traço de personalidade, [predisponente à depressão clínica] com uma mistura de atributos de depressão anaclítica e depressão introjectiva" (Coimbra de Matos, 2003, p. 33). Na verdade, apesar de distinguir academicamente vários tipos de depressão, Coimbra de Matos considera que, na prática, não existem quadros puros e consoante o peso e entrelaçamento de cada um dos componentes constituintes da história de estruturação da personalidade depressiva, assim teremos os diferentes tipos de estrutura depressiva (Coimbra de Matos, 1982b), ideia que abona em favor de uma visão dimensional e unicista da depressão. Segundo Coimbra de Matos (1982b), a história-modelo de estruturação de uma personalidade depressiva pode ser resumida em vários marcos, da seguinte forma: depressão primária pré-edipiana que deixa uma marca de défice narcísico e avidez, e propulsiona uma fantasia de compensação desenfreada; decepção edipiana intensa (que a experiência anterior prepara, dada a ferida narcísica, a avidez, a omnipotência da fantasia e o desejo intenso de reconquistar o objecto através do amor edipiano); assim, à fixação oral-narcísica, soma-se a fixação edipiana; dificuldade de investir objectos infantis e adolescentes da mesma idade e exogâmicos; decepção nos amores da infância e adolescência, quase inevitável pelo tipo de relação fóbica, desmedida e idealizada que se forjou, e portanto fixação às paixões da infância e/ou adolescência; impossibilidade de um amor adulto suficientemente desconflitualizado; relação amorosa adulta insatisfatória.

Coimbra de Matos (2003) distingue ainda e claramente a depressividade da depressão falhada, típica da patologia psicossomática. A primeira seria, como já dissemos antes, um estilo de carácter estável, por vezes

Capítulo V – Modelos dimensionais da depressão

127

egossintónico, que predispõe o sujeito à depressão com atributos de depressão anaclítica e (ou) introjectiva. A origem da depressividade seriam perdas afectivas cumulativas na infância, como referimos, uma carência afectiva precoce e, ao mesmo tempo, uma repressão precoce acentuada do comportamento exploratório e espontâneo. Por outro lado, a depressão falhada seria uma depressão não organizada mentalmente, uma *depressão sem depressão*. Ao contrário da depressividade, a depressão falhada teria origem no período de desenvolvimento, até aos 6 meses, anterior ao estabelecimento da memória de reconhecimento, e portanto *da repre-sentação unificada do objecto de vinculação* (Coimbra de Matos, 2003, p. 34). Desta forma, não haveria "lugar para o sentimento de perda do objecto (depressão anaclítica) ou do amor do objecto (depressão introjectiva)" (p. 34). A patologia psicossomática estaria para além ou aquém da psicopatologia propriamente dita, no sentido que, ontogenicamente falando, está antes da percepção e elaboração da dor mental e da capacidade criativa (Coimbra de Matos, 2002a). Mesmo na depressão *major*, o doente sabe que perdeu, tem um sentimento de falta, embora não saiba o que perdeu, enquanto na depressão falhada, há uma verdadeira falta de consciência da perda, o sujeito nem sequer percebe, apreende, a abulia, a falta de vontade. Mas a amotivação condiciona a ausência de busca de prazer e de objecto de prazer, isto é, a permanência numa situação deprimente. É a "depressão sem depressão, (depressão falhada)… [o mesmo que] depressão invisível mas permanente, a recessão da economia libidinal" (Coimbra de Matos, 2003, p. 274).

Importa distinguir melhor, os aspectos intrapsíquicos da depressão típica do funcionamento *borderline* dos da depressão estrutura, ou seja, distinguir a depressão anaclítica da depressão introjectiva ou verdadeira. A primeira seria caracterizada, fundamentalmente, pelo desamparo e pelo desespero, a segunda pela desesperança; o vazio interior seria a marca da primeira, devida à falha na introjecção do bom objecto, ficando o sujeito dependente do objecto externo; a nostalgia do amor do objecto, a marca da segunda, inconsciente se se tratar de uma depressão melancólica ou depressão *major*. Na depressão introjectiva (verdadeira depressão) foi atingido um estádio superior na relação de objecto, por interiorização desse mesmo objecto. Na depressão anaclítica o objecto permanece externo e o sujeito dependente da sua presença, daí o termo depressão de desamparo, caracterizada por angústia de separação. Trata-se da distinção entre depressão e desamparo. O conflito que prevalece na depressão é o de ambivalência, amar ou odiar, e na patologia *borderline*, é o conflito de ambitendência, simbiose ou cesura (Coimbra de Matos, 2002a).

Para Coimbra de Matos, a dimensão depressiva atravessa todo o espectro da psicopatologia. Desde a não existência como identidade psíquica, a depressão falhada da patologia psicossomática, até à falência da auto-estima, mas com preservação da identidade na depressão propriamente dita (depressão neurótica quando é apenas a imagem falo-narcísica que está comprometida), passando pela depressão psicótica, com evidente perturbação da identidade, e pela depressão limite ou anaclítica em que predomina o sentimento de desamparo e desespero (Coimbra de Matos, 2002a).

4.3 – *Processos etiopatogénicos da depressão*

Para Coimbra de Matos (2001), o fenómeno depressivo, *lato sensu* teria origem, como dissemos, na perda, com uma natureza e uma qualidade próprias que permitiriam distinguir depressão introjectiva, depressão anaclítica e luto.

Quanto à natureza da perda, o que se encontra na génese da depressão verdadeira, não é a perda dos objectos significativos, mas sim "o ambiente familiar disfuncional e conflituoso com perda ou retirada do afecto pelo sujeito por parte dos objectos significativos, isto é, a perda do amor das pessoas e não a perda das pessoas (a primeira caracteriza a depressão, a segunda o luto)" (p. 15).

Quanto à qualidade da perda, na depressão introjectiva, o afecto que o indivíduo perdeu foi o amor propriamente dito, "o amor dedicado, generoso e oblativo;... na depressão anaclítica ou *borderline*, foi a protecção e cuidados, a funcionalidade [a função] do objecto" (p. 15).

Desta forma torna-se possível distinguir entre luto e depressão "perda do objecto ou perda do amor do objecto" (p. 15) e entre depressão de desamparo e depressão verdadeira, perda do objecto enquanto objecto cuidador e funcional e mais uma vez perda do amor do objecto. Acresce que, na depressão, o sentimento central é o abatimento enquanto que no luto, é a tristeza. A alteração do humor não é um sintoma central na depressão, como já dissemos, uma vez que "há depressões sem tristeza, mas não existem depressões sem abatimento" (Coimbra de Matos, 2002a, p. 443). Na depressão há uma diminuição da energia psíquica e vital, da libido, da motivação e do interesse pelo real. O abatimento tem na sua génese a perda da esperança de recuperar o afecto ou o objecto perdido. A falta de entusiasmo é outro sinal que está presente, entusiasmo que é

Capítulo V – Modelos dimensionais da depressão

um dos principais indicadores de saúde mental e de ausência de depressão. O quadro pode ficar ainda mais florido por uma parcela de desespero e sensação de impotência e incapacidade que sempre existem e pelo sentimento de pessimismo e de medo do futuro, que são a certeza subjectiva daquilo que espera o depressivo, coada pela incerteza de alguma esperança que ainda alimenta; a certeza da reprovação e insatisfação do objecto arcaico; a esperança incerta de que a atitude do objecto mude, como sempre o desejou.

Na depressão anaclítica existe apenas a memória de reconhecimento, na depressão introjectiva uma regular memória de evocação. Na depressão anaclítica predomina o medo da perda do objecto enquanto objecto de apoio, o medo do abandono, a angústia de separação e na segunda predomina o medo da perda do amor do objecto, angústia depressiva. Na depressão anaclítica não se dá a interiorização permanente do bom objecto e é por isso que a perda é insuportável, porque o sujeito ainda não o constituiu dentro do seu mundo interno. Quando perde o objecto é o desespero, o desamparo e o sentimento de abandono. Na estrutura *borderline* o que está em causa são lutos não elaborados. O primeiro foi devido a uma separação/perda objectal traumática precoce (entre os seis e os dezoito meses). Dos outros, o mais evidente é o que deriva da separação violenta no período de adolescência. Trata-se pois da perda do objecto e não da perda do amor do objecto, perda impossível de vivenciar e elaborar. Perante a perda objectal precoce traumática a pessoa suspende o processo de luto na fase do desespero, jamais aceitando a perda. Esta não aceitação mantém o sujeito na condição crónica de desespero. Quer na depressão anaclítica, quer na depressão introjectiva acontece um processo de luto que foi suspenso, não resolvido, mas na primeira, o que o sujeito não aceita é que perdeu o objecto e na segunda não aceita que perdeu o amor do objecto. É por isso que no borderline o défice de simbolização é marcado – o sujeito precisa da coisa, precisa do objecto. No *borderline* a falha na continuidade relacional por parte do objecto impede a introjecção objectal, a formação de um objecto interno constante. O *acting out* pode ser entendido no *borderline* como uma defesa contra a depressão *borderline*, uma depressão não vivida no plano da interioridade. O *acting out* ou a enaccção podem servir, também, para evitar o abandono do objecto (Coimbra de Matos, 2002a; veja-se também Coimbra de Matos, 1997).

Este tipo de patologia de transição, entre a psicose e a estrutura depressiva, "vem acentuar a necessidade de entender a psicopatologia, não como quadros estanques, mas como uma contínuo, um espectro" (Coimbra de Matos, 2002a, p. 456).

O processo etiopatogénico da depressão verdadeira é diferente do da depressão *borderline*.

Note-se, no entanto, que o delineamento de diferentes processos etiopatogénicos serve, sobretudo, um propósito explicativo e académico, porque na realidade e como já dissemos, segundo este autor, dificilmente se encontram quadros puros, pelo que, consoante a maior ou menor importância ou peso de determinado tipo de experiências relacionais precoces, assim se estruturarão depressões mais ou menos anaclíticas e mais ou menos introjectivas, numa visão, que voltamos a sublinhar, é fundamentalmente de tipo dimensional e unicista da perturbação depressiva. Em "Psicopatologia Dinâmica não há síndromas, doenças ou quadros clínicos propriamente ditos, mas paradigmas e modelos operacionais... [encontrando-se] formas e funcionamentos, estáveis ou instáveis, singulares ou associados, das estruturas e estilos que a observação acumulada e reflectida nos permite construir " (Coimbra de Matos, 2002a, p. 302).

Coimbra de Matos (1982a, 1986, 2001) descreve o processo etiopatogénico da depressão verdadeira da seguinte forma: em consequência do abandono/perda sentida o sujeito cinde o objecto primário num objecto idealizado, considerado mais ou menos perdido e investido saudosa e ardentemente de forma mais ou menos inconsciente, e num objecto odiado – outrora amado – mas imprescindível para o sujeito, que é introjectado e com o qual mantém uma luta constante em que agride o objecto, e é por este agredido. Esta luta pode ser duplicada e em parte substituída por uma relação sado-masoquista no presente com um objecto depositário da imago idealizada do objecto primário, surgindo a depressão franca, clínica, quando esta última transferência idealizada se esbate. O objecto do depressivo não é clivado nem é ambivalente – é di-valente; é total, mas bifacial, uma das faces é visível, a outra fica oculta.

O sujeito hiper-investe o objecto interno idealizado e perdido no real, gastando uma porção grande de libido, investindo escassamente o mundo relacional libidinalmente e até agressivamente. Por outro lado, a agressividade dirigida para o introjecto maligno, para as qualidades malignas do objecto interiorizadas, reflui sobre o próprio. Mas a realidade da perda, essa, é recalcada, permanece inconsciente. No fundo é uma defesa anti-depressiva contra a realidade da perda (Coimbra de Matos, comunicação pessoal).

Capítulo V – Modelos dimensionais da depressão

A depressão é tanto mais funda, sentida como interior, com tristeza vital corporalizada, dita endógena e imotivada pelo observador, quanto mais interiorizado no self está o objecto maligno. Se a interiorização do objecto é menos nuclear e mais periférica, o que equivale a um super-eu mais delimitado, de organização posterior, predomina o remorso e a culpa. Neste caso, a depressão é mais flutuante, facilmente atribuída a causas externas, aos acontecimentos depressivantes, aos abandonos recentes – a relação que lhe está na origem é menos primitiva, o objecto abandonante predominantemente edipiano, sendo a depressão predominantemente neurótica.

O depressivo vive no passado e do passado, encerrado na reserva anímica; para ele, recordar é viver. O investimento da realidade é precário, devido ao investimento inconsciente ou pré-consciente maciço da representação objectal. Na nostalgia, o investimento libidinal é claramente consciente – "que saudades eu tenho". O objecto do nostálgico é o objecto real, no depressivo é o ideal. Porém, muitas vezes, perante o abandono actual, o depressivo não passa a investir na relação interna, continua a investir o objecto real mesmo sabendo que o objecto não gosta dele (Coimbra de Matos, comunicação pessoal).

Para o depressivo, viver é recordar ou reproduzir o passado. Quando apenas recorda, vive triste, está deprimido; se reproduz o passado, engana a depressão – uma defesa anti-depressiva. Uma forma de reproduzir o passado é a organização de relações actuais substitutas de relações perdidas do passado – um sistema de repetição compulsiva.

Assim, resumindo, na depressividade, o objecto interno, inconscientemente (ou pré-conscientemente) investido e a cujo amor concreto se renunciou em sequência do sentimento de abandono perpetrado pelo próprio objecto, está semi-perdido. Quando esse objecto idealizado está de facto perdido, se há um abandono efectivo desse objecto, ou porque o sujeito toma consciência da perda ou porque a defesa anti-depressiva não funciona, é a depressão manifesta, clínica. O eu está pobre, porque o investimento narcísico ao nível central é precário, sugada que está a libido pela imago do objecto ideal, perdido no real. O investimento de novos objectivos, genitais, e novos objectos, exogâmicos, fica seriamente comprometido.

O depressivo é necessariamente inibido e retraído. Não há desinvestimento do objecto, nesta retracção libidinal – a sua representação está fortemente investida; o que há sim, é uma inibição da aproximação ou da extensão do contacto com os objectos externos. Em termos de realidade interna, o depressivo não perdeu o objecto. O psicótico é que o perdeu, porque desinveste maciçamente a sua representação. É a grande diferença entre a retirada depressiva e a retirada psicótica.

A reparação patológica, reparação do objecto abandonante, é um mecanismo anti-depressivo, mas *depressivogéneo* central. Idealizando o objecto, o sujeito procura deixar de sentir o abandono afectivo. Não se trata de algo semelhante a uma reparação objectal normal, que é um mecanismo infantil adaptativo, permitindo a construção do objecto interno total predominantemente bom. Trata-se sim, de uma transformação ilusória do objecto sentido como realmente mau. Os estragos ao nível do eu são evidentes.

Num primeiro tempo, o abandono, a perda de amor do objecto, real ou fantasiada, é negada. Num segundo tempo, de elaboração inconsciente/ /pré-consciente, o objecto é idealizado – reparação patológica, porque vai além do dano que o sujeito lhe terá produzido com a sua agressividade, o que bloqueia o trabalho depressivo. Finalmente, num terceiro tempo, instala-se o investimento inconsciente da representação do objecto em que a libido se fixa no objecto idealizado ausente e perdido, que corresponde, no fundo, à boa relação com o objecto, aos aspectos bons da relação objectal. É a depressividade, ponto primeiro para o futuro aparecimento da depressão. A outra face da moeda – desta relação idealizada – é, como referimos, a relação negativa, agressiva, com o objecto que é interiorizada e depois recalcada – é o mau objecto que é introjectado e recalcado. A acção contínua, mas ignorada, desta dimensão da relação interiorizada caracteriza toda e qualquer depressão, nos aspectos tópico (é inconsciente), económico (retém energia psíquica) e dinâmico (há um conflito interno com o objecto recalcado).

Inicialmente a criança vê o objecto como mau, mas como isso é insuportável, porque corresponderia à destruição afectiva do objecto, e a criança não pode viver sem ele, e como o objecto tenta ocultar de si mesmo e do filho os impulsos sádicos, agressivos e controladores, manifestando uma atitude projectiva e culpabilizante, a criança, de seguida, introjecta essa maldade, passando a sentir-se ela própria como má, apenas tendo consciência disso, sendo-lhe o processo que levou a esse sentimento totalmente inconsciente. Para conservar o seu amor pelo objecto, tem de mantê-lo como bom, tem de introjectar a sua maldade, as suas qualidades negativas - a purificação do objecto é a única alternativa de que dispõe no espaço fechado da relação dual. Esta maldade agora dentro do sujeito deixou de perturbar a relação, mas à custa da degradação do self. Esta

Capítulo V – Modelos dimensionais da depressão

inversão sobre si própria da malevolência do objecto resulta em culpabilidade. Também esta culpa e a sua intolerabilidade contribuem para tornar o processo intra-psíquico descrito inconsciente.

Na realidade relacional do depressivo encontra-se uma falha de investimento na acção devido a uma excessiva submissão a este objecto primário, controlador e bastante admirado pelo sujeito. Trata-se de um objecto que é obliterante do desenvolvimento, mas do qual o sujeito não é capaz de se libertar. Para além da relação de submissão e apreço por um super-eu esmagador e um ideal do eu megalómano, o próprio eu do sujeito faz uma identificação com o objecto, carregando-se de mecanismos defensivos do impulso, tornando-se o sujeito inibido, fóbico, e com traços narcísicos, de exibição, ambição, etc. Além do mais, no depressivo encontra-se a desistência dos interesses próprios em favor da manutenção do amor do objecto. O depressivo é submisso, conformista, hiperadapta-se, submete-se à vontade do outro, desistindo dos interesses próprios. Tem crises de irritação, mas isso não tem continuidade. Manifesta também uma forte repressão da combatividade, da luta pela concretização das vontades próprias.

CAPÍTULO VI

Uma proposta conceptual sobre a dimensão depressiva da personalidade

Em jeito de síntese de todo o material teórico que foi apresentado nos capítulos anteriores, descrevemos agora a nossa proposta conceptual relativa à dimensão depressiva da personalidade que assenta na caracterização de cinco aspectos. Estes pressupostos estiveram também na base da construção de um instrumento de medida que permite operacionalizar e avaliar esta dimensão, como a conceptualizamos, instrumento este que será descrito no capítulo VII quando apresentarmos o estudo empírico que foi realizado.

1 – A unificação do conceito de personalidade depressiva

De toda a literatura sobre a relação entre personalidade e depressão e sobre o conceito de personalidade depressiva que foi apresentada nos capítulos anteriores é possível verificar que existiam diferentes descrições do conceito de personalidade depressiva que, apesar de algumas divergências, apresentam semelhanças evidentes. Assim, faz-nos sentido conceptualizar e operacionalizar uma dimensão depressiva da personalidade composta por diferentes tipos de traços, mas sem ligar o conceito a um único autor ou teoria em particular ou a um quadro nosológico específico definido nos manuais de classificação, como a perturbação depressiva da personalidade, mas reunindo características depressivas provenientes de diferentes fontes, modelos e autores.

Ou seja, parece poder concluir-se que a literatura mostra que existem diferentes descrições do conceito de personalidade depressiva, mas que apesar de algumas divergências, apresentam semelhanças evidentes. Parece por conseguinte fazer sentido criar uma conceptualização e operacionalização, uma definição empírica de personalidade depressiva que abarque de uma forma ampla e lata diferentes tipos de características depressivas, indicadas por várias escolas, modelos e autores, ainda que privilegiando a perspectiva psicodinâmica.

2 – A dimensão ou espectro depressivo

Um segundo grande pressuposto conceptual que serviu de base à conceptualização e operacionalização do conceito de personalidade depressiva ou dimensão depressiva da personalidade é a ideia de que esta corresponde a um contínuo ou espectro, cujos extremos podem ser sinónimo de várias formas depressivas clínicas, como por exemplo uma depressão crónica, ou à vulnerabilidade para apresentar uma forma de depressão clínica. Neste sentido, um dado sujeito poderá ter uma dimensão depressiva da personalidade marcada, o mesmo é dizer um resultado elevado numa medida que avalie essa dimensão, por conseguinte ter muitos traços depressivos, porque tem uma qualquer forma de depressão crónica, ou porque tem uma perturbação depressiva da personalidade ou personalidade depressiva, ou ainda, e simplesmente, porque tem uma vulnerabilidade para episódios ou momentos depressivos recorrentes, podendo ou não estar deprimido no momento presente.

Como foi referido nos capítulos IV e V, o fenómeno depressivo *latu sensu* parece ser um fenómeno de espectro, na intensidade, e também na duração e não um fenómeno categorial. Flett *et al.*, (1997), por exemplo, revendo exaustivamente a literatura relativa ao tema concluem que a grande maioria das evidências suporta a hipótese da continuidade.

Assume-se pois aqui como preposição teórica, a ideia da dimensionalidade do fenómeno depressivo, uma visão que o considera um contínuo, de um mínimo de gravidade a um máximo de gravidade, e não como um conjunto de entidades nosológicas claramente distintas e independentes.

3 – A depressão-traço

Um terceiro pressuposto que assumimos é de que a depressão pode ser conceptualizada não apenas como sintomas que ocorrem em conjuntos mais ou menos heterogéneos e por isso podem constituir diversos quadros clínicos, mas também como uma dimensão da personalidade normal composta por diferentes traços, entendidos como características estáveis. Ao avaliar a personalidade importará ter em conta esta dimensão composta por um conjunto de diferentes tipos de características ou traços (no sentido de serem vividos de forma habitual pelo sujeito), independentemente de qual o diagnóstico que o sujeito possa ter, qual a etiologia desse quadro, que outras características da personalidade possa exibir, que não as depressivas, e qual a intensidade dos sintomas que possa exibir num dado momento.

Esta dimensão depressiva da personalidade normal seria composta por características que o indivíduo exibiria num grande número de situações e que fariam parte do seu estilo de funcionamento típico, permitindo uma comparação entre indivíduos, ou seja a avaliação de diferenças inter--individuais.

Segundo algumas abordagens da personalidade, os traços são constructos indispensáveis no estudo da personalidade e das diferenças individuais (Lima & Simões, 1995), enquanto entidades explicativas e não meramente como formas de descrever as diferenças entre os sujeitos. Os traços são tendências que permitem explicar as diferenças inter-individuais ao longo de um contínuo. São disposições gerais, podendo exprimir-se em comportamentos diferentes, e são relativamente consistentes através do tempo e ao longo das situações. Apesar de serem entidades consistentes, podem sofrer mudanças. Os traços são inferidos mas não observáveis directamente, implicam estilos atitudinais, motivacionais, emocionais e interpessoais, e são disposições cognitivo-dinâmicas porque influenciam o comportamento (Lima, 1997). Por outro lado, os traços medidos através de inventários tendem a apresentar distribuições próximas da curva normal. Veja-se, por exemplo, o caso das escalas de domínios e de facetas do NEO-PI-R que medem traços com distribuições próxima da curva normal (Costa & McCrae, 1992).

4 – Personalidade depressiva e depressão crónica (dificuldade em discriminar traço depressivo e sintoma depressivo crónico)

Um quarto grande pressuposto conceptual na base da conceptualização da dimensão depressiva da personalidade assenta na discussão sobre a dificuldade na diferenciação entre traço e sintoma depressivo que apresentámos no capítulo IV. Do ponto de vista qualitativo é difícil distinguir entre sintoma e traço depressivo, apesar dos argumentos importantes do sofrimento e do carácter egodistónico, por definição inerentes à presença do sintoma. A diferença entre traço e sintoma situar-se-á muito mais ao nível da cronicidade, estabilidade e frequência com que o indivíduo exibe determinada característica. Um exemplo flagrante é o da baixa auto-estima. É um sintoma mas também é um traço de personalidade. Enquanto sintoma pode variar em intensidade num dado momento mais ou menos delimitado. Enquanto traço pode variar na frequência com que o indivíduo experiencia o sentimento de baixa auto-estima, ou ainda, e de outra forma, no grau em que essa característica é avaliada pelo sujeito como fazendo parte do seu funcionamento mental habitual.

A questão é aliás, mais vasta, e pode colocar-se ao nível do próprio diagnóstico psicopatológico. O que é que distingue, por exemplo, a distímia, de uma depressão mais circunscrita no tempo, de um episódio ou crise depressiva? Apenas, pensamos, a cronicidade das características depressivas. Por outro lado, o próprio constructo de perturbação depressiva da personalidade, enquanto entidade diferente e não sobreponível com as perturbações crónicas do humor, sobretudo e principalmente como a própria distímia, merece fortes críticas de diversos autores, como referimos anteriormente. Distinguir depressão crónica de personalidade depressiva parece ser um exercício difícil, bem como entre traço depressivo e sintoma depressivo crónico.

De acordo com esta lógica, um sintoma crónico pode ser considerado um traço depressivo porque foi um sintoma que, ao cronificar-se, passou a fazer parte do sujeito. Por exemplo, a pessoa que está ou que *se sente quase sempre triste*, passou a ser alguém que *é triste*. Assim, parece legítimo aceitar a ideia já referida de que a diferenciação entre traço e sintoma depressivo é sobretudo uma questão relativa ao grau de estabilidade dessa característica e não uma questão qualitativa. Partindo deste pressuposto, faz sentido que algumas das características ou traços depressivos possam ser experiências habitualmente identificadas por diferentes autores como sendo sintomas depressivos, mas que os indivíduos apresentam de forma mais ou menos estável e permanente e, neste sentido, serem operacionalizadas como traços, relativamente aos quais os sujeitos se situam, exprimindo o seu grau de acordo.

5 – Avaliação diferencial do estado e do traço depressivos

Um quinto e último grande aspecto conceptual tem a ver com a possibilidade de realizar uma avaliação diferencial do estado e do traço depressivos. Ritterband e Spielberger (1996) referem-se aos aspectos traço, estado e sintoma da depressão e ao facto destes aspectos serem confundidos nas principais escalas utilizadas para medir a intensidade dos sentimentos de depressão enquanto estado afectivo. A distinção entre estado e sintoma parece importante. Estado não é o mesmo que sintoma. Um sintoma pode ser crónico e portanto pode ser um traço como já referimos. Se assim é, a distinção estado-traço será então muito mais, temporal, e não tanto qualitativa, e portanto, um sintoma tanto pode constituir em sim mesmo um traço, como fazer parte do estado.

A avaliação diferencial do traço e estado depressivos remete por exemplo, directamente, para o modelo de Spielberger. Este autor distingue e operacionaliza, por exemplo, estado e traço de ansiedade, estado e traço de raiva e mais recentemente estado e traço de depressão (veja-se Ritterband & Spielberger, 1996; Spielberger, 1991, 1995; Spielberger et col., 1983; Spielberger & Sydeman, 1994; veja-se ainda Santos & Silva 1997; Silva, Campos & Prazeres, 1999). No que respeita à depressão, Spielberger (1995) desenvolveu um instrumento para avaliar os componentes afectivos da depressão, em termos da frequência com que ocorrem, ou seja, o traço depressivo, e também da intensidade num dado momento, ou seja, o estado depressivo (Spielberger, Carretero-Dios, Santos-Roig & Buela-Casal, 2002). O instrumento de Spielberger, que foi construído para ser utilizado em populações não clínicas, distingue o estado e o traço depressivos com base nas instruções (a escala de estado instiga o sujeito a responder como se sente nesse momento e a escala de traço instiga o sujeito a responder como se sente geralmente), e não tendo em conta o conteúdo dos itens (Endler *et al.*, 2000). De alguma forma fez sentido que este procedimento, de definir o traço com base nas instruções, fosse tido em conta na construção do instrumento que desenvolvemos para operacionalizar a dimensão depressiva da personalidade.

De um modo geral note-se, no entanto, que os instrumentos de medida já existentes para avaliar traços depressivos, como o de Spielberger, apresentam limitações evidentes na avaliação da personalidade depressiva, sobretudo porque avaliam um conjunto de características bastante restrito, não contemplando algumas facetas importantes desta dimensão.

CAPÍTULO VII

Um estudo empírico

Neste capítulo começamos por apresentar os objectivos e as hipóteses relativas à investigação que foi realizada, descrevemos depois, numa segunda secção, os procedimentos de construção do instrumento de medida que foi desenvolvido para operacionalizar a dimensão depressiva da personalidade como foi conceptualizada no capítulo anterior, apresentamos ainda os aspectos metodológicos e os resultados dos três estudos que efectuámos e finalmente discutimos em conjunto os resultados desses três estudos.

1 – Objectivos e hipóteses de investigação

Pretendemos estudar a dimensão depressiva da personalidade de acordo com a nossa conceptualização e contribuir para o entendimento sobre a natureza dos traços depressivos, nomeadamente sobre a relação existente entre traços depressivos e o estado depressivo sintomático. Desta forma desenvolvemos um instrumento de medida que operacionalizasse esta dimensão depressiva da personalidade.

Do ponto de vista empírico, a questão que colocamos é se fará sentido considerar esta dimensão psíquica depressiva, composta por diferentes tipos de traços, como susceptível de se relacionar com a ocorrência de estados depressivos? Ou seja, será que este conjunto de diferentes tipos de traços depressivos se relaciona com a ocorrência de sintomas depressivos num dado momento, de acordo quer com um modelo de relação entre personalidade e depressão etiológico ou de vulnerabilidade, quer com um modelo de espectro? Pensamos que sim, e em termos empíricos será de esperar uma correlação entre a medida de traços que foi construída (o Inventário de Traços Depressivos, ITD) e uma medida de estado sintomático (a versão portuguesa do Inventário de Depressão de Beck-II - BDI-II).

No entanto, os indivíduos com muitos traços depressivos não apresentarão necessariamente muitos sintomas num dado momento, mas poderão ter tido episódios depressivos anteriores em que apresentaram sintomas. Seriam sujeitos vulneráveis, apesar de poderem não estar deprimidos no momento. Sabe-se que quem apresenta sintomatologia depressiva actual, tem maior probabilidade de ter apresentado episódios anteriores de depressão. Thalbourne e colegas (Thalbourne, Delin & Bassett; 1994; veja-se também Thalbourne & Bassett, 1998) verificaram que um grupo de sujeitos bipolares obteve resultados mais elevados do que um grupo de universitários numa escala que é sensível à presença de história de depressiva no sujeito. Lewinsohn, Hoberman e Rosenbaum (1988) verificaram que os episódios anteriores de depressão eram uma das variáveis preditoras do desenvolvimento de um novo episódio de depressão. Esperamos que quem tenha muitos traços depressivos também tenha maior probabilidade de ter apresentado sintomas anteriores de depressão. Em termos empíricos será então de esperar uma correlação entre os traços depressivos, medidos pelo ITD, e uma medida construída a partir da de Thalbourne e colegas que indirectamente avalia a ocorrência de momentos anteriores de depressão, o Questionário de História Depressiva (QHD).

Os sujeitos que apresentam muitos traços depressivos, de acordo com a nossa definição, poderão ser sujeitos não apenas vulneráveis a deprimirem-se, e que poderão estar ou não deprimidos num dado momento, mas também sujeitos, como dissemos, com depressões crónicas, ou seja, que têm sintomas depressivos que se cronificaram, que passaram a constituir-se como traços. Assim, esperamos que os sujeitos de uma amostra clínica apresentem mais traços depressivos do que os sujeitos de uma amostra não clínica, precisamente porque podem apresentar depressões crónicas. Mas também podem apresentar mais traços porque têm uma clara vulnerabilidade para episódios recorrentes de depressão.

Como referimos no capítulo V, utilizando um outro instrumento que de alguma forma também avalia a depressão traço, o Questionário de Experiências Depressivas (QED) de Blatt e colegas, verifica-se que as pontuações nas escalas de dependência e de auto-criticismo tendem a ser mais elevadas em amostras de depressivos relativamente a amostras não clínicas.

Será também de esperar, por outro lado, que a distribuição de resultados no ITD se aproxime da curva normal dado que se espera que o inventário avalie uma dimensão da personalidade tipo traço, como acontece, por exemplo, como dissemos antes, com as escalas do NEO-PI-R. Além disso, por considerarmos que o ITD mede traços depressivos estáveis da personalidade, esperamos obter um valor de correlação elevada e significativa num estudo de teste-reteste.

Estudámos também a consistência interna do ITD, a estrutura factorial do inventário e calculámos as correlações que apresenta com outras medidas, para estudar a sua validade.

2 – A construção de um instrumento para operacionalizar a dimensão depressiva da personalidade

Para operacionalizarmos o constructo *dimensão depressiva da personalidade* ou seja para darmos início à construção do inventário, e antes da redacção dos itens, listámos de forma o mais possível exaustiva, diferentes características depressivas, de diferentes fontes e de diferentes proveniências teóricas.

Observando as fontes utilizadas listámos os sintomas depressivos referidos nas perturbações do humor do DSM (DSM-III, DSM-III-R e DSM-IV), nomeadamente os sintomas do critério B alternativos para o diagnóstico de distímia (anexo B do DSM-IV) que pudessem ser operacionalizados como traços. O pressuposto que presidiu a este procedimento foi o já referido de que um sintoma depressivo pode ser visto como um traço, na medida em que seja crónico, vivido como uma experiência habitual. Listámos também as características constantes dos critérios e da descrição da perturbação depressiva da personalidade (anexo B do DSM-IV). Listámos ainda algumas das características depressivas constantes da Entrevista de Diagnóstico para a Personalidade Depressiva (Gunderson *et al.*, 1994), as que não tinham sido já seleccionadas de outra fonte. Recorremos também ao Inventário de Depressão de Beck na sua versão de 1979 e na sua última versão de 1996, seleccionando alguns sintomas que não correspondem directamente a critérios de diagnóstico do DSM-IV.

Note-se que nem todos os sintomas constantes do BDI podem ser 'transformados' em traços, como por exemplo, as *alterações no apetite*. A este propósito, Vredenburg, Flett e Krames (1993) notam as dificuldades da versão traço do BDI, em que as instruções são alteradas, instigando os sujeitos a responderem como se sentem geralmente. Muitos itens, nomeadamente os somáticos, têm um formato temporal relativo e requerem que quem responde indique como experiencia um sintoma particular em comparação com a forma como se sente habitualmente, pelo que, na forma traço, muitas alternativas de resposta ficam sem sentido.

Além de ter em conta as características apresentadas nas classificações psiquiátricas, fez-nos todo o sentido olhar para a outra grande escola de pensamento que se debruçou sobre a depressão, a escola psicanalítica. Neste sentido recorremos a dois modelos que considerámos representativos desta escola, descritos em pormenor no capítulo V, o de Sidney Blatt e o de Coimbra de Matos e seleccionámos todos os elementos clínicos descritivos utilizados por estes dois autores na caracterização do indivíduo depressivo. Referimos no capítulo II e no capítulo V que, tanto Sidney Blatt como Coimbra de Matos, abordam a questão da personalidade depressiva, integrando nos seus modelos contributos de outros autores psicodinâmicos. O nosso conhecimento e interesse pessoal pelas duas perspectivas em causa foi também uma das razões para que as utilizássemos como base para a construção do nosso inventário. Outros modelos de outros autores podiam também ter servido de base ao nosso trabalho, mas pensamos que não traziam novos elementos descritivos do depressivo. Com efeito, as diferentes perspectivas psicanalíticas apresentam, como pensamos que ficou claro nos capítulos anteriores, muitos pontos de convergência relativamente à forma como conceptualizam a depressão e a personalidade depressiva (veja-se, por exemplo, Jones, 1998; Matussek *et al.*, 1986; Huprich, 1998)

Algumas características foram ainda listadas devido à sua relevância clínica, não provindo de nenhuma das fontes referidas, como por exemplo, características relacionadas com a perturbação dos ritmos, por exemplo do ritmo circadiano (veja-se por exemplo, Haynes, Ancoli-Israel & McQuaid, 2005; Stetler, Dickerson & Miller, 2004) ou o sentimento de sofrimento, incluído por Millon (1994) na descrição do padrão clínico depressivo da personalidade.

Como resultado desta pesquisa listámos cerca de 141 elementos ou características descritivas depressivas, sendo que, como se explica mais à frente, se verificou posteriormente que muitas delas, embora com designações diferentes, correspondiam a conteúdos muito próximos, pelo menos quando operacionalizadas.

A partir destas descrições foram redigidos um ou vários itens para cada uma delas. Resultou deste processo a escrita de 173 itens. Os itens foram escritos pelo autor e depois analisados independentemente por dois psicólogos clínicos no sentido de melhorar a redacção, mas também de avaliar a validade de conteúdo dos itens, ou seja, a sua representatividade e relevância relativamente ao constructo em questão. Embora não seja dada tanta importância à validade de conteúdo nas medidas de personalidade como nas medidas de aptidão, até porque é extremamente difícil de conseguir, ela deve ainda assim merecer atenção aquando da construção dos questionários.

Recorremos também a outros instrumentos para nos ajudar na redacção de itens, como é o caso da versão portuguesa (Campos, 2000a, 2000b) do Questionário de Experiências Depressivas (QED) (Blatt, D'Afflitti *et al.*, 1979), do Depressive Personality Disorder Inventory (DPDI) (Huprich *et al.*, 1996), da Escala para Avaliar a Disforia Histeróide (Liebowitz & Klein, 1979; veja-se também Beeber, Klein, Pies & Manring, 1984) e dos itens para avaliar a perturbação depressiva da personalidade segundo o DSM-IV da Entrevista Clínica Estruturada para as Perturbações do Eixo II do DSM-IV apresentada por First, Gibbon, Spitzer, Williams e Benjamin (1997). No entanto, apenas pontualmente os itens resultantes ficaram com uma semelhança marcada com os itens já existentes, e apenas em dois casos o item ficou com uma escrita igual: *As pessoas raramente estão de facto interessadas em ajudar os outros* e *Mesmo quando a culpa é dos outros, ainda assim tenho tendência a culpar-me a mim próprio(a).* Trata-se de dois itens do DPDI. Noutros casos, também pontuais, existe apenas uma ligeira semelhança com o item que já existia.

Uma vez que era impraticável ter um instrumento com um número tão elevado de itens tornou-se necessário recorrer a um outro procedimento para obter uma versão do inventário mais reduzida, porque mesmo para uma versão experimental, o número de itens parecia-nos claramente excessivo.

Por outro lado, alguns dos itens apresentavam-se bastante semelhantes a outros, resultado do processo já referido de listagem de características. Foi ao operacionalizar ou traduzir as características em itens concretos que se tornou evidente a semelhança: fomos forçados a verificar que várias características descritivas correspondiam na verdade a diferentes designações do mesmo traço, dado que os itens resultantes eram muito semelhantes. A título exemplificativo, refira-se o *pessimismo*, proveniente da lista de características do critério A para o diagnóstico da Perturbação Depressiva da Personalidade do DSM-IV e a característica de *medo do futuro*, referida por Coimbra de Matos quando descreve o indivíduo depressivo. Este facto deveu-se, obviamente, ao processo que utilizámos para listar as diversas características descritivas: recorrer a diferentes fontes que pensam e avaliam a depressão e o próprio funcionamento mental de forma muito diferente e em níveis conceptuais também diferentes. O nosso objectivo era procurar estabelecer uma lista exaustiva de características. Pensamos que o facto de se constatar que existem descrições 'repetidas', diferentes apenas na designação utilizada, abona em favor da exaustividade da selecção efectuada, ou seja, em favor da representatividade (e. g. Anastasi & Urbina, 1997) do conjunto de itens daí resultante, relativamente ao constructo a medir.

No fundo, o nosso trabalho começou por uma colecção heteróclita de traços e depois verificámos que alguns eram muito próximos, que muitas das características ou elementos descritivos eram semelhantes, originando itens também semelhantes, não correspondendo na realidade a diferentes aspectos psicológicos do constructo, mas apenas a diferentes designações, pelo que, como consequência, se obteve uma lista substancialmente mais reduzida, composta por 32 características depressivas consideradas relevantes.

As 32 características são: 1 – *Humor depressivo (tristeza/abatimento/ /insatisfação); 2 – Pessimismo; 3 – Sentimentos de insucesso; 4 – Anedonia/falta de interesse; 5 – Culpabilidade; 6 – Masoquismo (auto-punição); 7 – Auto-crítica; 8 – Falta de sentido e insatisfação com a vida; 9 – Dificuldade em tomar decisões; 10 – Sentimentos de falta de valor próprio/Não gostar de si próprio; 11 – Falta de energia/adinamia; 12 – Irritabilidade; 13 – Retirada social/introversão; 14 – Ser ruminativo/dado a preocupações; 15 – Ser crítico e com tendência a julgar os outros; 16 – Sentimentos de desânimo; 17 – Tendência a sentir remorsos; 18 – Sentimentos/crenças de inadequação; 19 – Sentimento de dor e sofrimento; 20 – Desamparo; 21 – Medo de não ser amado (perder o amor do objecto); 22 – Vulnerabilidade à perda; 23 – Sentimentos e dificuldades em lidar com a solidão; 24 – Dependência; 25 – Sentimento de não ser amado/Ser amado condicionalmente; 26 – Funcionamento relacional em economia depressígena; 27 – Submissão/hiper-adaptação ao outro/conformismo; 28 – Dificuldade em lidar/expressar a agressividade; 29 – Perfeccionismo; 30 – Sentimento de vazio/de que falta algo; 31 – Saudoso do passado/idealização do passado; 32 – Perturbação dos ritmos (incluindo as perturbações do sono)*

O procedimento descrito levou à selecção de 96 dos 173 itens previamente redigidos, os mais relevantes. Estes itens ficaram agrupados nas 32 novas características referidas. Foi com base na semelhança dos itens e na 'unificação' das características que se tornou possível reduzir o número de itens, obtendo assim, um instrumento mais manejável.

Note-se que o número de itens por característica varia em função do seu grau de generalidade e importância, e que algumas das características englobam aspectos mais específicos, aspectos esses que eram, eles mesmos, considerados traços na lista inicial. Após uma primeira selecção e atribuição dos itens, foi efectuada uma segunda inspecção da *pool* de 173 itens, no sentido de assegurar que nenhum item relevante era eliminado.

Os 96 itens seleccionados, passaram a constituir a versão inicial do ITD a aplicar em aplicação experimental. Antes, os itens foram ainda submetidos a uma observação no que respeita à ortografia, pontuação e estrutura frásica.

Quanto à escala de resposta é semelhante à de outros inventários para avaliar traços de personalidade, como é o caso de um dos inventários mais utilizados, o NEO-PI-R (Costa & McCrae, 1992), uma escala de Likert de cinco pontos, correspondendo o 1 a *discordo fortemente* e o 5 a *concordo fortemente*.

Após uma aplicação experimental, e um estudo piloto com 319 sujeitos que permitiu obter uma primeira evidência das qualidades psicométricas do instrumento, reduzir o número de itens e obter a versão final do instrumento composta por 80 itens, realizaram-se 3 estudos.

3 – Estudo I: Estudo com uma amostra de estudantes universitários

3.1 – *Metodologia*

Sujeitos

Participou neste estudo uma amostra de 547 estudantes universitários seleccionados de diversas instituições de ensino superior da cidade de Lisboa e da Universidade de Évora. A escolha das instituições foi realizada apenas por conveniência do autor. Tendo em conta a disponibilidade dos docentes, foram escolhidas turmas de vários anos. A participação dos estudantes foi voluntária.

As idades dos sujeitos variaram entre os 18 e os 55 anos (M=20,65, DP=3,54). Apenas 32 sujeitos (5,85%) apresentavam mais de 25 anos. Duzentos e vinte sujeitos (40,2%) eram do sexo masculino e 327 (59,8%) do sexo feminino.

Instrumentos

Foram aplicados o Inventário de Traços Depressivos (ITD), a versão portuguesa do Inventário de Depressão de Beck-II (BDI-II), o Questionário de História Depressiva (QHD), a versão portuguesa do Inventário de Perturbação Depressiva da Personalidade (DPDI), uma forma traduzida do Inventário Multiaxial Clínico de Millon II (MCMI-II) e uma Ficha de Dados Demográficos (veja-se Campos, 2006, para uma descrição detalhada sobre as medidas psicológicas utilizadas).

Procedimento

Os estudantes responderam em grupo aos questionários no início ou, na maioria dos casos, no final de aulas. Os grupos variaram entre os 15 e os 50 elementos. Após uma breve introdução, cada sujeito recebia um pacote de questionários em que a primeira página continha instruções e garantia o carácter anónimo e confidencial da aplicação.

3.2 – Resultados

Calculámos os resultados (médias e desvios-padrão) obtidos pela amostra total de estudantes e pelas sub-amostras de rapazes e raparigas no ITD. Estes resultados encontram-se na Tabela I.

Tabela I: Resultados (médias e desvios-padrão) obtidos pela amostra total de estudantes e pelas sub-amostras de rapazes e raparigas no ITD

Questionário	Amostra total		Rapazes		Raparigas	
	M	DP	M	DP	M	DP
ITD	201,60	45,95	191,32	45,19	208,48	45,23
	(n=546)		(n=219)		(n=327)	

Analisámos a distribuição de resultados da amostra total de estudantes. A distribuição de resultados aproximou-se da curva normal (d=0,0.49, p<0,20; $\chi(19)^2$=29,38, p=0,06).

Comparámos os resultados obtidos pelas sub-amostras de rapazes e raparigas. As raparigas obtiveram resultados significativamente superiores aos rapazes (p<0,00005).

Calculámos os valores de alfa de Cronbach para os 80 itens do ITD. O resultado foi 0,97.

Realizámos uma análise em componentes principais aos itens do ITD com a amostra total de sujeitos. A análise em componentes principais revelou a existência de seis factores. Os valores próprios dos seis factores foram respectivamente: 24,52; 3,54; 2,57; 1,84; 1,74; 1,65. A escolha do número de factores a considerar foi efectuada utilizando o método da *Análise Paralela* (Horn, 1965). Segundo Moreira (1999, p. 133), os métodos que apresentam mais "vantagens em termos de rigor, objectividade e facilidade de aplicação são os derivados da análise paralela".

De seguida procedemos à *rotação varimax* dos factores. A saturação de cada item nos seis factores encontra-se na Tabela II. Considerámos como pertencendo a cada factor os itens que apresentavam valores de saturação iguais ou superiores a 0,35. Segundo Moreira (2004, p. 461) não há forma de estabelecer *critérios definidos e objectivos* para a escolha do valor de saturação mínimo para considerar um item como pertencendo a um dado factor, o que se relaciona com o *aspecto artístico* da análise factorial. Na análise em componentes principais, o valor de 0,50 constitui, na sua opinião, um *bom ponto de partida*. Por outro lado, refere que alguns autores apresentam o valor de 0,30 como um limite inferior mínimo. Neste estudo adoptámos uma posição intermédia e um 'ponto de corte' idêntico ao utilizado por Beck, Steer e Brown (1996) para o BDI-II, 0,35.

Apenas 7 dos 80 itens não apresentam valores de saturação iguais ou superiores a 0,35 com, pelo menos, um dos factores e apenas dois itens, o item 43 e o item 79, não apresentam um valor de saturação de, pelo menos, 0,30 com, pelo menos, um dos factores, aproximando-se, no entanto, desse valor, respectivamente com saturações de 0,29 e 0,28. Vinte e três itens apresentaram uma saturação igual ou superior a 0,35 com mais do que um factor. Neste caso o item foi atribuído ao factor com o qual apresentava uma saturação mais elevada. Parece evidente uma certa falta de 'especificidade' dos factores.

Após a rotação, o primeiro factor explica 8,98% do total da variância, o segundo 6,17%, o terceiro 11,90%, o quarto 7,27%, o quinto 5,75% e o sexto 4,77% do total da variância. Em conjunto, os seis factores explicam 44,84% da variância. O valor médio de inter-correlação entre os factores é relativamente elevado (0,63) e todas os valores de correlação entre os factores são significativos (p<0,000001).

Realizámos também uma análise em componentes principais aos seis factores do ITD (análise de segunda ordem). Obteve-se um único factor com um valor próprio de 4,10 e que explica 68,40% da variância. As saturações dos seis factores neste factor de segunda ordem são respectivamente, de 0,82, 0,83, 0,89, 0,90, 0,80 e 0,70.

Tabela II: Saturação dos 80 itens do ITD nos seis factores obtidos através da análise em componentes principais após *rotação varimax*, com a amostra total de estudantes

Item	Factor I	Factor II	Factor III	Factor IV	Factor V	Factor VI
1	0,31	0,31	0,33	-0,02	0,04	0,11
2	-0,00	0,19	**0,58**	0,10	0,01	0,03
3	0,02	0,08	**0,44**	0,00	0,08	-0,14
4	0,07	**0,40**	0,36	0,07	-0,08	0,08
5	0,06	**0,50**	0,29	-0,05	0,24	0,13
6	0,28	0,20	**0,42**	0,33	0,02	0,19
7	**0,63**	0,28	0,08	0,07	-0,04	0,11
8	0,16	0,19	**0,64**	0,12	0,03	0,04
9	-0,04	**0,59**	0,25	0,01	0,12	0,01
10	0,06	0,25	**0,55**	0,19	0,18	-0,01
11	0,04	**0,42**	0,11	0,37	0,21	0,07
12	0,13	0,08	0,39	**0,53**	0,22	-0,03
13	0,02	0,17	**0,38**	0,15	0,12	-0,04
14	0,09	**0,48**	0,23	0,30	0,14	0,10
15	0,21	0,27	**0,64**	0,11	0,16	0,11
16	0,13	0,26	0,40	**0,49**	0,09	0,26
17	0,27	0,30	0,23	**0,51**	0,08	0,34
18	0,30	0,26	0,38	**0,44**	0,11	0,10
19	0,06	**0,49**	0,22	0,26	0,15	0,26
20	0,20	0,31	0,04	0,23	0,05	**0,46**
21	0,12	0,11	0,20	**0,47**	-0,19	0,19
22	0,02	0,18	-0,08	0,21	0,13	**0,52**

23	0,33	0,13	0,28	**0,43**	0,07	0,00
24	0,22	0,09	0,18	**0,48**	0,10	-0,06
25	0,26	0,32	**0,41**	0,22	0,18	0,02
26	0,16	**0,50**	0,03	0,19	0,34	0,23
27	0,36	0,22	**0,57**	0,27	0,09	0,06
28	0,30	0,24	0,35	**0,45**	0,02	0,33
29	0,36	0,28	**0,41**	0,26	0,14	-0,21
30	**0,44**	0,25	0,36	0,25	0,16	0,02
31	0,17	**0,42**	0,38	0,32	0,14	-0,08
32	-0,04	0,18	0,10	**0,38**	0,35	0,22
33	-0,01	0,09	0,14	-0,04	0,19	**0,66**
34	0,32	0,21	**0,59**	0,22	0,22	0,25
35	0,11	0,35	0,16	0,27	**0,38**	0,11
36	0,37	0,16	0,37	**0,40**	0,19	0,17
37	**0,71**	0,20	0,05	0,24	0,15	-0,01
38	0,17	**0,55**	0,06	0,23	0,26	0,30
39	0,13	0,22	0,05	**0,40**	0,33	0,30
40	0,24	0,18	**0,60**	0,18	0,23	0,13
41	0,15	0,26	0,15	0,06	**0,51**	0,16
42	**0,67**	-0,02	0,18	-0,16	0,04	0,03
43	0,11	0,15	0,29	0,00	0,29	-0,03
44	0,14	0,19	0,36	0,00	**0,38**	0,24
45	0,05	0,17	-0,01	0,11	**0,58**	0,02
46	0,24	-0,14	0,43	**0,43**	0,26	-0,09
47	**0,36**	0,19	0,12	0,35	0,31	0,07
48	0,21	0,20	0,35	**0,54**	0,23	0,21
49	**0,74**	0,07	0,12	0,20	0,09	0,03
50	0,20	0,14	0,29	0,20	0,31	0,21
51	0,14	**0,47**	0,23	0,01	0,39	0,28
52	0,11	0,14	0,10	0,14	**0,47**	0,00
53	0,13	0,19	0,24	0,05	**0,46**	0,30
54	**0,42**	0,14	0,29	0,27	0,10	0,30
55	**0,40**	0,35	0,39	0,12	0,05	0,29
56	0,33	0,27	**0,41**	0,33	0,19	0,34
57	**0,44**	-0,02	0,14	0,03	-0,02	0,06
58	**0,42**	0,04	0,15	0,21	0,19	0,11
59	0,09	-0,11	0,31	0,13	0,30	0,06
60	**0,42**	0,01	0,01	0,21	0,34	0,07
61	0,45	0,03	**0,54**	0,12	0,14	0,27

62	0,29	0,05	**0,60**	0,23	0,00	0,26
63	0,30	0,28	**0,44**	0,21	0,08	0,40
64	**0,58**	-0,04	0,19	0,22	0,12	0,01
65	0,20	0,13	**0,63**	0,20	0,17	0,27
66	0,39	0,01	**0,59**	0,24	0,08	0,22
67	0,18	-0,03	**0,52**	0,27	0,22	0,25
68	0,21	0,23	0,22	**0,41**	0,38	0,32
69	0,24	0,11	**0,46**	0,31	0,13	0,22
70	-0,02	-0,10	0,33	-0,02	**0,40**	0,16
71	0,09	0,37	0,24	0,02	**0,52**	0,26
72	0,33	0,20	**0,37**	0,01	0,31	0,31
73	0,30	0,04	0,08	0,31	0,32	0,16
74	**0,50**	0,01	0,48	0,26	0,10	0,16
75	0,36	0,15	0,17	0,34	0,23	**0,47**
76	0,35	0,02	0,09	0,28	**0,39**	-0,09
77	0,13	-0,09	0,07	0,34	0,19	0,23
78	**0,50**	0,01	0,33	0,29	0,22	0,05
79	-0,14	0,28	0,06	0,10	0,28	0,24
80	0,43	0,08	**0,47**	0,24	0,19	0,03
% de Variância	8,98	6,17	11,90	7,27	5,75	4,77

Calculámos os valores de inter-correlação entre vários questionários, ITD, BDI-II, DPDI, QHD. Estes valores encontram-se na Tabela III. Todos os valores de inter-correlação entre o ITD, o BDI-II, o DPDI e o QHD são significativos.

Tabela III: Valores de inter-correlação entre os resultados obtidos nos questionários: ITD, BDI-II, DPDI e QHD

	ITD	BDI-II	DPDI	QHD
ITD	--			
BDI-II	0,70[a]	--		
DPDI	0,89[b]	0,74[d]	--	
QHD	0,58[c]	0,49[e]	0,45[f]	--

Nota: Todos os valores são significativos para p<0,000001, excepto [f] p<0,0001. [a] n=537. [b] n=75. [c] n=458. [d] n=74. [e] n=454. [f] n=73.

Calculámos as correlações entre os diferentes factores do ITD e o resultado no DPDI. Os valores foram respectivamente de 0,77, 0,77, 0,89, 0,85, 0,69 e 0,49 para os seis factores do ITD. Todos os valores são significativos (p<0,00001). A correlação parcial entre o DPDI e o ITD, controlando o valor no BDI-II, decresceu para 0,77.

No sentido de verificarmos se existiam diferenças entre rapazes e raparigas no que respeita aos resultados nos seis factores, calculámos a correlação de cada um dos factores com a variável sexo As correlações foram significativas para cinco dos seis factores, (mostrando que as raparigas apresentam resultados mais altos) para os factores II (r=0,24, p<0,000001), III (r=0,17, p=0,000117), IV (r=0,14, p=0,001060), V (r=0,13, p=0,003498) e VI (r=0,25 p<0,000001). A correlação não foi significativa para o factor I (r=0,08, p=0,065023)[4].

Calculámos também a correlação entre o resultado nos seis factores do ITD e o resultado total no BDI-II. Estes resultados encontram-se na Tabela IV. Todos os valores obtidos são significativos (p<0,000001).

Tabela IV: Valores de correlação entre o resultado nos seis factores do ITD e o resultado total no BDI-II

	BDI-II – Total
ITD – Factor I	0,54
ITD – Factor II	0,55
ITD – Factor III	0,72
ITD – Factor IV	0,64
ITD – Factor V	0,54
ITD – Factor VI	0,36

Nota: Todos os valores são significativos para p<0,000001.

Finalmente, calculámos ainda os valores de correlação entre as escalas de padrões clínicos de personalidade do MCMI-II, as escalas de Distímia e Depressão Major do MCMI-II e o ITD, que são apre-

---

[4] De referir que os resultados foram equivalentes do ponto de vista da significância estatística quando se utiliou um teste de comparação de médias.

sentados na Tabela V. As escalas 1, 2, 3, 8A, 8B, D e CC do MCMI-II apresentaram correlações significativas com o ITD.

Tabela V: Valores de correlação entre as escalas de padrões clínicos de personalidade do MCMI-II e as escalas de Distímia e Depressão Major do MCMI-II com o ITD

Escala do MCMI-II	r
1 – Esquizóide	0,55**
2 – Evitante	0,73**
3 – Dependente	0,47*
4 – Histriónico	-0,07
5 – Narcísico	-0,20
6A – Anti-social	-0,09
6B – Agressivo	-0,08
7 – Compulsivo	0,02
8A – Passivo-agressivo	0,42*
8B – Auto-destrutivo	0,73**
D – Distímia	0,70**
CC – Depressão Major	0,72**

Nota: * $p < 0,0002$ ** $p < 0,000001$. n=78.

4 – Estudo II – Estudo com uma amostra clínica psiquiátrica

4.1 – *Metodologia*

Sujeitos

Participaram neste estudo 50 sujeitos com uma perturbação do humor ou com uma perturbação da adaptação (com humor depressivo ou mista, com humor depressivo e ansiedade) segundo o DSM-IV. Os sujeitos foram seleccionados num serviço de psiquiatria, em dois serviços de apoio a estudantes universitários e na consulta psicológica em regime privado, locais escolhidos apenas por conveniência do autor, de acordo com as seguintes indicações: apresentarem actualmente sintomatologia depressiva, terem um diagnóstico que se enquadrasse nas perturbações do humor ou da adaptação do DSM-IV, terem pelo menos o 4.º ano de escolaridade e não apresentarem características psicóticas graves que os tornassem incapazes de se auto-avaliarem de forma minimamente fidedigna.

Apesar de inicialmente termos proposto como escolaridade mínima o 6.º ano, ao longo do processo de recolha de dados verificámos que no serviço de psiquiatria muitos dos doentes depressivos apresentavam pouca escolaridade, pelo que, se os excluíssemos, estaríamos a deixar de fora da nossa amostra uma parte importante de sujeitos com depressão. Por outro lado, o facto de alguns sujeitos apresentarem apenas o 4.º ano não os impediu de responder aos questionários, pois mostravam capacidades de leitura aparentemente adequadas. Acresce ainda que, o facto das sessões de aplicação serem individuais nos deu mais segurança para aceitar estes sujeitos na investigação, uma vez que podíamos monitorizar convenientemente o seu desempenho durante a aplicação.

As idades dos sujeitos variaram entre os 19 e os 70 anos (M=37,46, DP=13,11). Onze sujeitos (22%) eram do sexo masculino e 39 (78%) eram do sexo feminino. O número médio de anos de escolaridade era de 11,4, variando entre o 4.º ano e a licenciatura. Trinta e sete (74%) dos sujeitos estavam medicados e 24 (26%) não.

Catorze sujeitos (28%) apresentavam um diagnóstico de *Perturbação Depressiva Major* (16% Perturbação Depressiva Major, Episódio Único e 12% Perturbação Depressiva Major, Recorrente), 12 (24%) apresentavam um diagnóstico de *Distímia*, dois (4%) um diagnóstico de *Perturbação Depressiva Sem Outra Especificação*, nove (18%) apresentavam um diagnóstico de *Perturbação da Adaptação* (16% Perturbação da Adaptação Mista com Humor Depressivo e Ansiedade e 2% Perturbação da Adaptação com Humor Depressivo), oito sujeitos (16%) um diagnóstico de *Perturbação Bipolar* (10% Perturbação Bipolar I, Episódio Mais Recente de Tipo Depressivo, 2% Perturbação Bipolar I, Episódio Mais Recente de Tipo Misto, 2% Perturbação Bipolar II, Episódio Mais Recente de Tipo Depressivo e 2% Perturbação Ciclotímica) e finalmente cinco sujeitos (10%) apresentavam outros diagnósticos (6% Depressão Neurótica, 2% Depressão Reactiva Prolongada e 2% Perturbação do Humor Induzida por Substâncias)

Instrumentos

Os sujeitos recebiam um pacote de questionários contendo, numa primeira página, as instruções, a seguir o ITD e depois o BDI-II. Os clínicos (médicos ou psicólogos) preencheram uma Ficha de Dados Clínicos relativa aos pacientes.

Procedimento

No caso do serviço de psiquiatria, a recolha dos protocolos foi realizada pelo autor em sessões individuais. Os pacientes eram seleccionados pelo seu médico psiquiatra e convidados a colaborar na investigação. Em alguns casos, a aplicação dos questionários foi realizada antes da consulta médica, sendo o doente visto depois de terminada a aplicação, mas, na maioria dos casos, foi realizada após o médico ter observado o paciente na consulta. Em função da observação realizada na consulta, o médico preenchia a respectiva Ficha de Dados Clínicos para cada paciente.

No caso dos restantes locais de recolha de dados, eram os psicólogos que, após uma breve explicação, entregavam os pacotes de questionários aos pacientes por si seleccionados e que aceitavam colaborar. Os pacientes levavam os questionários para casa e entregavam-nos posteriormente ao seu psicólogo já respondidos. Os psicólogos preenchiam então a Ficha de Dados Clínicos para cada paciente.

4.2 – Resultados

Calculámos os resultados (médias e desvios padrão) obtidos pela amostra total de pacientes e pelas sub-amostras de homens e mulheres no ITD. Estes resultados são apresentados na Tabela VI.

Comparámos as médias obtidas no ITD pela amostra total de pacientes e pela amostra de estudantes universitários do estudo I. Os pacientes apresentaram resultados significativamente mais elevados no ITD (p<0,000001).

Tabela VI: Resultados no ITD obtidos pela amostra total de pacientes e pelas sub-amostras de homens e mulheres

	ITD	
	M	DP
Amostra total (n=50)	272,02	38,79
Sub-amostra de homens (n=11)	276,00	45,25
Sub-amotra de mulheres (n=39)	270,90	37,35

Calculámos o valor de alfa de Cronbach para os 80 itens do ITD que foi de 0,95. Por outro lado, a correlação entre o resultado total no BDI-II e no ITD foi de 0,63 (p<0,000002), um valor significativo e ligeiramente inferior ao obtido com a amostra de estudantes.

5 – Estudo III: Estudo de teste-reteste

5.1 – Metodologia

Sujeitos

Participou neste estudo uma turma de 40 estudantes universitários do primeiro ano de uma universidade pública, seleccionada apenas por conveniência do autor. Todos os sujeitos eram do sexo feminino. As idades variaram entre os 18 e os 29 anos (M=20,08, DP=2,64). Nenhum destes sujeitos havia participado no estudo I.

Instrumentos

Os sujeitos responderam ao ITD e ao BDI-II.

Procedimento

Foram realizadas três aplicações colectivas no final de três aulas A segunda aplicação decorreu uma semana depois da primeira e a terceira aplicação decorreu nove semanas (63 dias) depois da primeira. Na primeira aplicação os 40 sujeitos responderam aos dois instrumentos, primeiro ao ITD e depois ao BDI-II, apresentados agrafados com uma página de rosto contendo instruções. Na segunda aplicação 34 dos 40 sujeitos iniciais responderam ao BDI-II e na terceira aplicação, 30 dos 40 sujeitos responderam ao ITD.

5.2 – *Resultados*

Calculámos o valor da correlação entre os resultados obtidos pelos sujeitos no ITD nas duas aplicações com nove semanas de intervalo e, igualmente, o valor da correlação entre os resultados obtidos no BDI-II nas duas aplicações com uma semana de intervalo. Os resultados foram respectivamente de 0,72 para o ITD e de 0,87 para o BDI-II. Trata-se de valores altamente significativos (p<0,00001), com uma magnitude elevada.

6 – Discussão

No que se refere a uma possível relação entre traços depressivos e a ocorrência de sintomas depressivos num dado momento, os nossos resultados confirmam a hipótese de uma correlação significativa entre os traços (avaliados pelo ITD) e os sintomas depressivos (avaliados pelo BDI-II). Verifica-se também, como prevíamos, que são precisamente os sujeitos que apresentam mais traços depressivos que relatam momentos de depressão anteriores mais significativos, aspecto que podemos depreender da correlação significativa que se obtém entre o ITD e o QHD. Trata-se de resultados compatíveis com uma visão de espectro e ao mesmo tempo etiológica da relação entre personalidade e depressão.

Utilizando um outro instrumento que de alguma forma avalia a depressão traço, o DPDI de Huprich e colegas, verifica-se que se obtêm correlações significativas com o BDI-II, entre 0,68 e 0,80 (Huprich, 2003a; Huprich *et al.*, 2002). Krohne *et al.* (2002) referem que a escala de traço depressivo da versão americana das Escalas de Estado-Traço de Depressão (Spielberger, 1995) apresentou um valor de correlação com o BDI de 0, 73, e com a CES-D de 0,79. No caso da versão alemã, os valores são, respectivamente, de 0,67 e de 0,70. A correlação obtida por Endler *et al.* (2000) entre o BDI e a escala de traço depressivo do inventário de Spielberger foi de 0,65, um resultado também próximo do que obtivemos com a amostra de estudantes entre o BDI-II e o ITD (0,70).

Contudo, como se sabe, a existência desta correlação não nos permite inferir a existência de uma relação causal. Como já dissemos, quem pontua alto no ITD pode ser alguém com uma personalidade depressiva, no sentido de vulnerável a momentos de depressão, mas também alguém que tem uma depressão crónica, pelo que se tem uma depressão deste tipo também pontua alto no instrumento que mede o estado depressivo actual, o BDI-II, contribuindo para a correlação entre a medida de traços e a medida de estado.

Confirmou-se também a hipótese de que a média obtida pela amostra clínica no ITD seria significativamente mais elevada do que a obtida pela amostra de estudantes, como acontece alias, por exemplo, com medidas de ansiedade traço (Silva & Campos, 1998).

Por outro lado, a distribuição de resultados no ITD aproximou-se da curva normal, o que, como também já dissemos, abona em favor do facto de estarmos perante um constructo tipo traço ou dimensão normal da personalidade, susceptível de ser avaliada dimensionalmente em que maioria dos sujeitos apresenta resultados médios. Acresce que o valor de correlação teste-reteste do ITD com nove semanas de intervalo (0,72) foi elevado, o que aponta no sentido de estarmos perante uma dimensão da personalidade composta por traços estáveis.

Trata-se de um resultado que consideramos muito aceitável. Esperar-se-ia que o valor da correlação fosse elevado se a natureza da variável em estudo fosse claramente de traço. Por definição, os traços tendem a ser estáveis, como dissemos antes. No estudo de Silva e Campos (1998), a escala de ansiedade traço da versão portuguesa do STAI apresentou um valor de correlação teste-reteste de 0,80, com um intervalo entre aplicações de 60 dias. Noutro caso de variáveis também consideradas tipo traço, a dependência e o auto-criticismo, avaliadas pelo QED (Blatt, D'Afflitti *et al.*, 1979), mostraram-se igualmente estáveis ao longo do tempo, apresentando correlações teste-reteste, respectivamente, de 0,80 e 0,75, com um intervalo de 13 semanas, e de 0,89 e 0,83, com um intervalo de cinco semanas, em universitários (Zuroff, Moskowitz, Wielgus, Powers & Franko, 1983). Overholser e Freiheit (1994) obtiveram uma correlação teste-reteste de 0,78 para a escala de dependência, com um intervalo de 10 semanas, e Oveerholser (1992) obteve valores de 0,78 e 0,75, respectivamente, para as escalas de dependência e de auto-criticismo, com um intervalo de 10 semanas. Zuroff, Igreja *et al.* (1990) apresentam valores de correlação teste-reteste de 0,79 para ambas as escalas, com um intervalo de 12 meses, mas num grupo de indivíduos com notas extremas no QED. Ainda assim, o nosso resultado ficou apenas ligeiramente aquém destes.

Obtivemos um valor de alfa de Cronbach de 0,97 na amostra de estudantes e de 0,95 na amostra clínica, valores que se podem considerar muito elevados. Estes resultados apoiam a consistência interna do instrumento e mostram que apesar do inventário medir diversos aspectos ou 'facetas' da personalidade depressiva (uma vez que o inventário não é unifactorial), parece que todos os itens contribuem, de alguma forma, para medir um constructo global.

Obtivemos uma estrutura factorial de seis factores que, dados os itens que neles mais saturam, denominámos de *1– abatimento geral (falta de iniciativa/resignação/passividade/retraimento), 2 – irritabilidade/medo de ser abandonado, 3 – depressão anaclítica (humor depressivo/sentimentos de vazio, desamparo, abandono e de não ser amado), 4 – baixa auto-estima/super-eu severo, 5 – obsessividade/perfeccionismo* e finalmente, *6 – sentimentos de inferioridade relativamente aos outros*.

Relativamente ao Factor I, podemos dizer que apresenta diversas especificidades que importa analisar. Em primeiro lugar, os itens que o compõem remetem para diferentes pontos da descrição que Coimbra de Matos faz genericamente dos sujeitos depressivos, sobretudo dos sujeitos com depressão introjectiva ou *verdadeira* e que apresentámos no capítulo V. Trata-se de itens que remetem para características, todas elas, relacionadas com uma espécie de abatimento geral. Coimbra de Matos (2003) também afirma, como referimos no capítulo II, que um dos *feixes* em que se agrupam os factores psicopatológicos da constelação depressiva (depressividade) é precisamente o abatimento geral. E refere também que depressão é fundamentalmente *abaixamento da pressão anímica*, traduzindo-se por uma diminuição da energia vital, da libido, da motivação e do interesse e, por dificuldade em sentir prazer. É por isto que, para Coimbra de Matos, o sintoma patognomónico da depressão é o abatimento, e não propriamente a tristeza. Relaciona-se com este abatimento a falta de entusiasmo. O entusiasmo é para o autor um indicador de saúde mental e de ausência de depressão. Por outro lado, o sujeito depressivo é alguém conformista, submisso, que desiste dos interesses próprios, que se hiper-adapta ao outro. É um sujeito inibido, retraído e fóbico, carregado de *mecanismos defensivos do impulso*. É, por conseguinte, alguém pessimista e que teme o futuro. A maioria dos itens deste factor opera-

Capítulo VII – Um estudo empírico 161

cionalizam, precisamente, as características inicialmente seleccionadas de *anedonia/falta de interesse, falta de energia/adinamia, retirada social/ /introversão, submissão/hiper-adaptação ao outro/conformismo* e uma característica que lhe estará muito próxima: *dificuldade em lidar/ /expressar a agressividade* (item 60). O item relativo a esta última característica, no fundo, tem implícita a ideia da desistência dos direitos próprios, descrita por Coimbra de Matos. Por outro lado, o item 57 que facialmente pretendia operacionalizar *perturbação dos ritmos*, também pode ser visto precisamente como ligado à falta de iniciativa e passividade. Finalmente, o item 47 que pretendia operacionalizar a característica *dificuldade em tomar decisões* pode igualmente ser visto como estando relacionado com uma certa letargia, passividade e abatimento.

Acresce ainda que os itens do Factor I poderão ligar-se, mais do que os dos outros factores, a um aspecto, se assim podemos dizer, mais caracterial. Muitos dos itens redigidos com a expressão "Sou uma pessoa..." saturam neste factor. Note-se também que é o único factor que não diferencia rapazes e raparigas. Talvez este resultado apoie a ideia de que se trata de um factor menos sintomático, menos composto por itens que, no fundo, representem sintomas depressivos crónicos e composto por itens mais ligados a uma representação mais estável do sujeito.

No que se refere ao Factor II, parece-nos que, em conjunto, os itens que nele mais saturam, remetem para um funcionamento de certo modo ambivalente, ou seja, para uma vivência simultânea de irritabilidade e ao mesmo tempo de dependência, submissão, vulnerabilidade à perda e medo de não ser amado. A maioria dos itens que nele mais saturam operacionalizam precisamente estas características inicialmente seleccionadas. Até mesmo o item 5 que pretendia facialmente operacionalizar a característica de *ser ruminativo / dado a preocupações* e o item 11 que pretendia operacionalizar a *tendência a sentir remorsos* podem ser olhados como estando ligados, respectivamente, às duas dimensões em 'confronto'. As características inerentes aos itens que compõem o factor remetem-nos para a descrição de Kernberg (1988) da perturbação depressiva-masoquista da personalidade. Como dissemos no capítulo II, os sujeitos com esta perturbação são muito sensíveis ao abandono. Por outro lado, o sentimento de serem rejeitados e mal tratados pode conduzir a comportamentos inconscientes para fazer o objecto sentir-se culpado. Geram-se, portanto, ciclos viciosos de excessivas exigências, sentimentos de rejeição e tendência inconsciente para fazer os outros sentirem-se culpados e consequente rejeição, o que pode provocar problemas graves nas relações mais próximas e desencadear a depressão aquando da perda de afecto. A culpa inconsciente devido à raiva expressa contra os outros pode complicar o ciclo vicioso descrito. Atacam os outros de que necessitam, mas por quem se sentem rejeitados, de seguida deprimem-se, são submissos e têm um comportamento complacente, ao que se segue uma segunda vaga de raiva devido à forma como são tratados e devido à sua própria submissão.

Quanto ao Factor III, parece claramente composto por itens relacionados genericamente, por um lado, com o humor depressivo, e por outro, com sentimentos de vazio, desamparo, de abandono e de não ser amado. É aquele que explica uma maior percentagem da variância total. Os itens que compõem este factor operacionalizam, fundamentalmente, as características iniciais de *humor depressivo, perturbação dos ritmos* (especificamente o item relacionado com a insónia), *desamparo, sentimentos e dificuldades em lidar com a solidão, sentimento de vazio/de que falta algo, falta de sentido e insatisfação com a vida, sentimento de não ser amado/ser amado condicionalmente, sentimentos de desânimo* e *pessimismo*. Mesmo o item 72 que pretendia operacionalizar a característica de *sentimentos/crenças de inadequação* pode ser visto como ligado ao sentimento de ser abandonado, de estar a mais. Trata-se de um factor composto por itens que, no seu conjunto, lembram, de alguma forma, a depressão anaclítica descrita por Blatt (1974, 2004; Blatt & Shichman, 1983). Como dissemos no capítulo V, os sentimentos centrais na depressão anaclítica, segundo Blatt (1974), são o desamparo (de alguma forma presente no item 2, que compõem este factor), a fraqueza, o sentimento de vazio (item 10) medo de ser abandonado e o sentimento de não ser amado (item 63). Existem nestes sujeitos desejos marcados de ser cuidado, protegido e amparado. Há dificuldades em suportar a espera, uma busca desesperada de satisfação e um sentimento de ser incapaz de encontrar gratificação e conforto (item 67). O sujeito anaclítico apresenta uma grande vulnerabilidade à perda do objecto, a sentimentos de solidão (item 15), de tristeza (item 61), de rejeição e abandono (Blatt & Shichman, 1983; veja-se também Blatt, 2004). Um sentimento de bem estar resulta da contínua obtenção de amor e gratificação. Quando o objecto se torna incapaz de manter esta situação, podem gerar-se precisamente os sentimentos de não ser amado e de desamparo (Blatt, 1974).

Quanto ao Factor IV, parece-nos dos mais fáceis de interpretar, e que medirá uma vertente introjectiva da depressão, ligada à exigência do super-eu e do ideal do eu, com baixa auto-estima, culpabilidade e masoquismo. Os itens que compõem este factor operacionalizam, fundamentalmente, as características iniciais de: *sentimentos de insucesso, sentimentos de falta de valor próprio/não gostar de si próprio, sentimentos (crenças) de inadequação, culpabilidade* e *masoquismo (auto-punição)*. Saturam ainda no Factor IV, mais três itens, os itens 16, 18 e 23, que pretendiam facilmente operacionalizar, respectivamente, *sentimento de não ser amado/ser amado condicionalmente, falta de energia/adinamia* e *anedonia/falta de interesse*. Apesar disso, parece que os dois primeiros estarão ligados, de certo modo, a um sentimento de desvalorização. De qualquer forma, é preciso notar que este factor tem muito poucos itens específicos. No conjunto, os itens parecem remeter, por exemplo, para a conceptualização de Coimbra de Matos (1986) da depressão de inferioridade e da depressão de culpa, ou para as características da *insuficiência da compleição narcísica* (paradigmaticamente exemplificada no itens 17 e 28) e da *severidade do super-eu* (muito bem exemplificada nos itens 48 e 68). Como vimos no capítulo V, este autor afirma que "a carência narcísica, a baixa auto-estima e o self real diminuído, auto-imagem desvalorizante e pequenez do auto-conceito são as duas faces – investimental e representativa – do depressivo" (Coimbra de Matos, 1986, p. 77). Por outro lado, Coimbra de Matos (1986), na sequência e de acordo com Freud e com toda a tradição psicanalítica, afirma também que no depressivo se verifica uma enorme severidade e implacabilidade do super-eu. Trata-se de um super-eu precoce de origem materna e pré-edipiana. Quanto mais precoce é a patologia mais severa é esta instância psíquica do depressivo. A culpabilidade mais ou menos presente em qualquer estrutura depressiva resulta da tensão entre o eu e o super-eu. O depressivo sofre de uma culpa sem sentido porque aceitou sem crítica a culpabilização explícita ou implícita de que foi objecto, e não pode deixar de se sentir culpado, embora não tenha razões objectivas e lógicas para isso (situação de alguma forma reflectida no item 39). Esta culpa pode manifestar-se por um comportamento ou traço masoquista (item 21) com inflexão sobre si mesmo da agressividade e auto-punição (Coimbra de Matos, 1986; veja-se também Coimbra de Matos, 2001).

O Factor V parece um pouco mais difícil de interpretar. É composto por itens que, facilmente, pretendiam operacionalizar diferentes traços: *perfeccionismo, dificuldade em lidar/expressar a agressividade, tendência a sentir remorsos, dependência, falta de energia/adinamia , sentimento de dor e sofrimento* e *ser ruminativo/dado a preocupações*, mas que no conjunto nos parece que se relacionam com uma característica de obsessividade ou perfeccionismo. Nalguns deles isso seria imediatamente evidente, nomeadamente no item 41 que pretendia operacionalizar, precisamente, o perfeccionismo ou no item 71 que operacionalizava a característica de ser ruminativo, contudo, por exemplo, no item 70, no item 52 ou no item 76, isso não acontece. Apesar de o primeiro parecer facialmente medir a característica de sentimento de dor e sofrimento e o segundo, a dependência, na realidade parecem estar ligados a uma certa exigência pessoal, a uma forma obsessiva de percepcionar as dificuldades e as relações pessoais, respectivamente. Quanto ao item 76, que pretendia operacionalizar a característica de adinamia, será provavelmente interpretado pelos sujeitos como ligado à indecisão, característica típica do funcionamento obsessivo. Como foi dito no capítulo II, o perfeccionismo, a dependência e o masoquismo seriam três grandes características da personalidade depressiva, presentes em diferentes conceptualizações.

Finalmente, o Factor VI, composto apenas por 4 itens, parece sobrepor-se 'conceptualmente' ao Factor IV. Denominámos este factor de *sentimentos de inferioridade relativamente aos outros* e não apenas sentimentos de inferioridade, uma vez que três dos quatro itens, 20, 22, 75 apontam para estes sentimentos mas pressupondo uma comparação com os outros. No caso do item 22, *Sou uma pessoa que precisa muito dos outros*, que pretendia facialmente operacionalizar a característica inicial de dependência, na realidade poderá conter a ideia de inferioridade, ou seja, o sujeito necessita dos outros, porque se sente inferior. Por outro lado, o que parece ser também distinto relativamente ao Factor IV é uma certa consciência reflexiva da tendência para se culpar ou para se sentir inferior.

Devido ao facto do Factor VI se sobrepor 'conceptualmente' ao Factor IV e ser composto apenas por 4 itens, pensámos em analisar uma solução factorial com menos factores. No entanto, seguimos a sugestão de Moreira (2004, p. 452) de que quando há dúvidas "é preferível extrair um número excessivo de factores a um número demasiado restrito. O destino mais provável dos factores extraídos em excesso será o de não serem replicados em estudos futuros e... acabarem por ser abandonados. Mas os factores reais que ficarem por extrair poderão estar 'perdidos para sempre'". Além disso, as soluções com quatro e cinco factores não se mostraram satisfatórias, dado que a interpretabilidade dos factores não melhorou e, pelo facto de considerarmos menos factores, diminuía a percentagem de variância explicada. Para que se tenha uma ideia mais concreta, na solução de cinco factores, todos os itens do Factor VI transitam para o Factor II que passa a incluir também itens do Factor IV da solução de seis factores (que saturam igualmente no Factor IV na solução de cinco factores). O Factor II torna-se muito difícil de interpretar. Os outros quatro factores mantêm-se semelhantes à solução de seis factores.

Torna-se necessário ressalvar que esta descrição das 'facetas' da personalidade depressiva resultante da análise factorial é obviamente condicionada pela selecção inicial das características a avaliar e dos respectivos itens construídos para o inventário. De qualquer forma, importa dizer que tentámos ser exaustivos nas fontes e nas características depressivas a avaliar e que as diferentes 'facetas' ou os diferentes tipos de traços depressivos identificados factorialmente parecem totalmente de acordo com as formulações que apresentámos nos capítulos teóricos.

Por outro lado, os valores de correlação dos seis factores do ITD com o resultado total do BDI-II mostram que são os Factores III e IV que mais se correlacionam com a depressão estado sintomática, especialmente o Factor III, provavelmente devido ao facto de ter, como dissemos antes, um componente ligado ao humor depressivo. De qualquer forma, note-se que o Factor III é precisamente o que explica uma maior percentagem de variância, pelo que faz sentido que seja o que se correlacione mais com outras medidas de depressão.

Note-se, todavia, que os factores que compõem o ITD parecem de alguma forma pouco específicos, como dissemos antes, porque bastantes itens 'saturam' em mais do que um factor. Parece lógico pensar que este aspecto terá a ver com o facto do inventário não medir dimensões totalmente independentes, mas antes, que se relacionam entre si. A magnitude elevada e significativa dos valores de inter-correlação obtidos entre os factores aponta neste sentido.

O facto de ser obtido um único factor de segunda ordem indicará, precisamente, que o nosso instrumento avalia um constructo global unitário, que podemos denominar de *personalidade depressiva* ou *dimensão depressiva da personalidade*, mas que apresenta diferentes 'facetas', se assim podemos dizer. Trata-se de um resultado que abona em favor de uma visão unicista do fenómeno depressivo. Podemos pensar a depressão como uma dimensão estável e unitária da personalidade, que apresenta diferentes manifestações, diferentes 'facetas' ou sub-dimensões, que os sujeitos apresentam em maior ou menor grau.

Os valores de correlação elevados e significativos obtidos entre o ITD e o DPDI, bem como o padrão de correlações obtido entre o ITD e as escalas do MCMI-II apoiam a validade do ITD.

Quanto ao valor significativo da correlação com o DPDI, pensamos que constitui uma evidência da validade do ITD. De qualquer forma, e à primeira vista, o valor de 0,89 parece demasiado elevado, podendo sugerir que os dois instrumentos são redundantes. No entanto, em geral, escalas muito correlacionadas podem fornecer informação diferente e útil do ponto de vista clínico (Millon, 1996). Além disso, valores de correlação desta magnitude para o DPDI não são inéditos. Huprich *et al.* (1996) apresentam um valor de correlação do DPDI com o ATQ-R, uma medida de pensamentos automáticos negativos, de 0,85. Por outro lado, se observarmos as correlações do DPDI com os seis factores do ITD, verificamos que os valores são especialmente elevados no caso dos factores III e IV, como acontecia com as correlações com o BDI-II. Parece que são as características psicológicas que compõem estes factores que mais contribuem para a magnitude do valor de correlação do resultado total no ITD com o DPDI. Talvez o nosso instrumento partilhe, sobretudo com o DPDI, esses aspectos da personalidade depressiva. Com efeito, o componente de humor depressivo do factor III e os aspectos da culpabilidade e baixa auto-estima do factor IV são claramente inerentes à definição de perturbação depressiva da personalidade e estão operacionalizados no DPDI.

Acresce ainda que a correlação parcial do DPDI com o ITD, controlando o resultado no BDI-II, ou seja a sintomatologia depressiva, decresce para 0,77, o que aponta para o facto de partilharem aspectos que são avaliados pelo BDI-II. Parece-nos que, apesar do nosso instrumento medir um constructo próximo do avaliado pelo DPDI, não mede, em rigor, a mesma coisa.

Quanto ao padrão de correlações entre o ITD e as escalas do MCMI-II, verificamos que o resultado no ITD se correlacionou significativamente com as escalas de padrão clínico evitante, esquizóide, dependente, passivo-agressivo e auto-destrutivo e com as escalas sindromáticas de distímia e de depressão major.

Apesar do ITD parecer medir, como referimos, algo mais do que o DPDI, os resultados de alguns estudos que utilizaram o DPDI ou mediram a perturbação depressiva da personalidade utilizando o MCMI-III, poderão ajudar a explicar o padrão de correlações que obtivemos entre o ITD e o MCMI-II.

Os resultados de Huprich *et al.* (2002) com o DPDI vão no mesmo sentido dos nossos. Obtiveram valores de correlação significativos entre o resultado no DPDI e várias perturbações da personalidade medidas pela entrevista diagnóstica para o DSM-IV (SCID-II), entre elas a perturbação evitante, esquizóide e dependente. As correlações não foram significativas no caso das perturbações obsessivo-compulsiva, histriónica, anti-social, mas foram, ainda que com um valor de uma magnitude reduzida, com a perturbação narcísica.

Existem aspectos comuns entre os padrões esquizóide, evitante e depressivo da personalidade, como foram conceptualizados por Millon. São o pessimismo, a falta de alegria, a incapacidade de sentir prazer e a lentificação psicomotora. As pessoas com qualquer um destes padrões de personalidade não experienciam prazer, mas por razões diferentes: deficiência, orientação para ou antecipação do sofrimento e desespero acerca do futuro, respectivamente. Millon e Davis (1996) agrupam precisamente as perturbações, esquizóide, evitante e depressiva no grupo das personalidades com um défice na capacidade de sentir prazer. Um padrão associal, de retirada e de desistência, definiriam, respectivamente, as três perturbações.

Por outro lado, e de qualquer forma, no que respeita à escala de padrão dependente, a correlação com o ITD também faz todo o sentido, dado que tivemos o cuidado de incorporar no nosso inventário itens relacionados com um vertente anaclítica da depressão.

O ITD também se correlacionou de forma significativa com a escala de padrão auto-destrutivo. Widiger *et al.* (1994) salientam que, do ponto de vista das características da personalidade, de acordo com o modelo dos cinco factores, a perturbação depressiva e auto-destrutiva se assemelham muito. Davis e Hays (1997), por seu lado, verificaram empiricamente que a escala de padrão depressivo do MCMI-III se sobrepunha bastante com a escala de padrão auto-destrutivo. A própria concepção de Kernberg (1970, 1988) reúne numa mesma 'estrutura', características depressivas e masoquistas.

No que respeita à correlação significativa do ITD com a escala de padrão passivo-agressivo, de referir que os indivíduos passivo-agressivos, como são conceptualizados por Millon, apresentam uma luta interna entre duas tendências: tentar conseguir as suas próprias gratificações ou aceitar as gratificações oferecidas pelos outros, oscilando entre uma atitude de deferência e de desafio. Têm um padrão errático de comportamentos de raiva explosiva e teimosia, oscilando com períodos de culpa e vergonha (Millon, 1994). Os sujeitos com este padrão apresentam uma atitude de certo modo ambivalente para com os outros, o que lembra também alguns aspectos da descrição de Kernberg da perturbação depressiva-masoquista. Parece que esta ambivalência caracteriza também a personalidade depressiva como a conceptualizámos e operacionalizámos: uma certa oscilação entre a irritabilidade e a culpa e o medo por ter vivenciado esse sentimento.

Finalmente, a interpretação das correlações do ITD com as escalas de distímia e de depressão *major* parece relativamente evidente. Por um lado, quem pontua alto no ITD poderão ser precisamente indivíduos com depressões crónicas. Por outro lado, se o ITD se correlaciona de forma significativa como BDI-II, faz sentido que se correlacione com a escala de depressão *major*. Lembremos que o BDI-II foi desenvolvido de forma a estar de acordo com os critérios do DSM para diagnosticar as perturbações depressivas, exactamente como a escala do inventário de Millon.

CONCLUSÕES

Neste livro, para além de tecermos diversas considerações sobre a depressão clínica e sobre o conceito de personalidade depressiva, tentámos explicar porque é que uma lógica dimensional da patologia se adequa melhor à compreensão do fenómeno clínico ou psicopatológico, permitindo colmatar as dificuldades dos sistemas categoriais da psicopatologia. Tentámos discutir de que forma a depressão se relaciona com a personalidade e apresentámos diversos exemplos de modelos dimensionais da depressão.

De facto para compreender a depressão é preciso compreender a forma como se insere ou se articula na personalidade. Procurámos sobretudo mostrar a pertinência de uma visão dimensional em que a depressão clínica aparece apenas como um caso extremo de um contínuo ou dimensão da personalidade normal. Esta dimensão depressiva da personalidade pode ser concebida como um conjunto de diferentes tipos de traços, no sentido de características que o sujeito exibe num grande número de situações e que portanto podem ser consideradas como fazendo parte do seu estilo de funcionamento básico. Estes traços podem ser sintomas depressivos que se cronificaram, que passaram a fazer parte do sujeito ou serem apenas características de personalidade que podem predispor à depressão, características que todos os sujeitos exibem em maior ou menor grau e que são susceptíveis de ser avaliadas de modo distinto relativamente ao estado depressivo sintomático.

Os resultados de um estudo empírico que foi realizado permitiram dar sentido e confirmar a validade do constructo *dimensão depressiva da personalidade* como o conceptualizámos. Permitiram concluir que de acordo com a nossa conceptualização e operacionalização, a dimensão depressiva da personalidade é um constructo global. No entanto, temos de admitir que esta dimensão apresentará diferentes 'facetas', facetas que estão de acordo com as várias descrições da personalidade depressiva e da depressão apresentadas na literatura.

Uma das facetas parece relacionar-se com o abatimento geral que caracteriza o funcionamento depressivo segundo Coimbra de Matos. Uma outra, lembra as características da perturbação depressiva masoquista apresentada por Kernberg. Duas outras facetas parecem relacionar-se com as dimensões anaclítica e introjectiva da depressão e da personalidade depressiva, descritas, nomeadamente, por Sidney Blatt. Encontramos também uma faceta ligada ao perfeccionismo e obsessividade que vários autores incluem entre os principais aspectos caracterizadores da personalidade depressiva. Finalmente, encontramos uma faceta com pouca expressão que parece igualmente próxima da já referida vertente introjectiva do funcionamento depressivo. Globalmente, parece-nos que os resultados sugerem que as várias concepções da personalidade depressiva (ou de outros conceitos afins) que se encontram na literatura não reflectem apenas a perspectiva teórica dos autores que as propuseram mas podem corresponder igualmente a vários aspectos ou facetas que se podem empiricamente distinguir dentro dum mesmo fenómeno unitário.

Note-se ainda que a distribuição de resultados no instrumento que desenvolvemos para operacionalizar a dimensão depressiva da personalidade se aproximou da curva normal, o que, abona em favor do facto de estarmos perante um constructo tipo traço, uma dimensão psicológica em que a maioria dos sujeitos apresenta resultados intermédios. Por outro lado, o valor elevado e significativo da correlação teste-reteste aponta no sentido desta dimensão da personalidade ser composta por características estáveis, o que nos autoriza justamente a falar de traços de personalidade.

Pensamos então poder concluir que a depressão para além de poder ser conceptualizada como um estado clínico sintomático, pode também ser conceptualizada, operacionalizada, e avaliada de forma rigorosa, enquanto traço, ou melhor, enquanto dimensão da personalidade composta por diferentes tipos de traços estáveis, conjunto este de traços que se comporta como uma dimensão, um contínuo, em que é possível encontrar todas as variações, como acontece com outras dimensões psicológicas. Talvez se possa então dizer que, depressivos somos todos, em maior ou menor grau, *depressivos somos nós*.

BIBLIOGRAFIA

AKISKAL, H. S. (1983). Dysthymic disorder: Psychopathology of proposed chronic depressive subtypes. *American Journal of Psychiatry, 140,* 11-20.

AKISKAL, H. S. (1989). Validating affective personality types. In L. Robins & J. Barret (Eds.), *The validity of psychiatric diagnoses* (pp. 217-227). New York: Raven Press.

AKISKAL, H. S. (1990). Toward a definition of dysthymia: Boundaries with personality and mood disorders. In S. W. Burton & H. S. Akiskal (Eds.), *Dysthymic disorder* (pp. 1-12). London: Gaskell.

AKISKAL, H. S. (1991). Chronic depression. *Bulletin of the Menninger Clinic, 55*(2), 156-171.

AKISKAL, H. S. (1997). Overview of chronic depressions and their clinical management. In H. S. Akiskal & G. B. Cassano (Eds.), *Dysthymia and the spectrum of chronic depression*s (pp. 1-33). New York: Guilford Press.

AKISKAL, H. S. (2000). Temperament and mood disorders. *Harvard Mental Health Letter, 16*(8), 5-6.

AKISKAL, H. S., HIRSCHFELD, R. M., & YEREVANIAN, B. I. (1983). The relationship of personality to affective disorders. *Archives of General Psychiatry, 40,* 801-810.

ALNAES, R., & TORGERSEN, S. (1997). Personality and personality disorders predict development and relapses of major depression. *Acta Psychiatrica Scandinavica, 95(*4), 336-342.

ALTMAN, J. H., & WITTENBORN, J. R. (1980). Depression-prone personality in women. *Journal of Abnormal Psychology, 89,* 303-308.

AMÁLIO, S., REIS, A. P., MORA, P., PIMENTEL, J., FERREIRA, C., & PALMA, J. (2004). A depressão em medicina geral e familiar. Comunicação apresentada no *9º Congresso Nacional de Medicina Familiar.* Viseu, 26 a 28 de Setembro.

AMERICAN PSYCHIATRIC ASSOCIATION (1980). *Diagnostic and statistical manual of mental disorders* (3rd ed.). Washington, DC: APA.

AMERICAN PSYCHIATRIC ASSOCIATION (1987). *Diagnostic and statistical manual of mental disorders* (3rd ed. rev.). Washington, DC: APA.

ANDERSON, R. L., KLEIN, D. N., RISO, L. P., OUIMETTE, P. C., LIZARDI, H., & SCHWARTZ, J. E. (1996). The subaffective-character spectrum subtyping distinction in primary early-onset dysthymia: A clinical and family study. *Journal of Affective Disorders, 38,* 13-22.

ARIETI, S., & BEMPORAD, J. R. (1980). The psychological organization of depression. *American Journal of Psychiatry, 136*, 1365-1369.

ASSOCIAÇÃO PSIQUIÁTRICA AMERICANA (1996). *DSM-IV: Manual de diagnóstico e estatística das perturbações mentais.* Lisboa: Climepsi (Obra original publicada em 1994).

ASSOCIAÇÃO PSIQUIÁTRICA AMERICANA (2002). *DSM-IV-TR: Manual de Diagnóstico e Estatística das Perturbações Mentais.* Lisboa: Climepsi (Obra original publicada em 2000).

BAGBY, R. M., BINDSEIL, K. D., SCHULLER, D. R., RECTOR, N. A.,YOUNG, L. T., & COOKE, R. G. (1997). Relationship between the five-factor model of personality and unipolar, bipolar and schizophrenic patients. *Psychiatry Research, 70*(2), 83-94.

BAGBY, R. M., COSTA, P. T., MCCRAE, B. R., LIVESLEY, W. J., KENNEDY, S. H., LEVITAN, R. D., LEVITT, A. J., JOFFE, R. T., & YOUNG, L. T. (1999). Replicating the five factor model of personality in a psychiatric sample. *Personality and Individual Differences, 27*, 1135-1139.

BAGBY, R. M., COSTA, P. T., WIDIGER, T. A., RYDER, A. G., & MARSHALL, M. (2005). DSM-IV personality disorders and the five-factor-model of personality: A multi-method examination of domain- and facet-level predictions. *European Journal of Personality, 19*, 307-324.

BAGBY, R. M., JOFFE, R. T., PARKER, J. D. A., KALEMBA, V., & HARKNESS, K. L. (1995). Major depression and the five-factor model of personality. *Journal of Personality Disorders, 9*, 224-234.

BAGBY, R. M., PARKER, J. D. A., JOFFE, R. T., & BUIS, T. (1994). Reconstruction and validation of the Depressive Experiences Questionnaire. *Assessment, 1*(1), 59-68.

BAGBY, R. M., & RYDER, A. G. (1999). Diagnostic discriminability of dysthymia and depressive personality disorder. *Depression and Anxiety, 10*, 41-49.

BAGBY, R. M., RYDER, A. G., & SCHULLER, D. R. (2003). Depressive personality disorder: A critical overview. *Current Psychiatry Reports, 5*(1), 16-22.

BAGBY, R. M., SCHULLER, D. R., MARSHALL, M. B., & RYDER, A. G. (2004). Depressive personality disorder: Rates of comorbidity with personality disorders an relations to the five- factor model of personality. *Journal of Personality Disorders, 18*(6), 542-554.

BAGBY, R. M, SCHULLER D. R., PARKER, J. D., LEVITT, A., JOFFE, R. T., & SHAFIR, S. (1994). Major depression and the self-criticism and dependency personality dimensions. *American Journal of Psychiatry, 151*(4), 597-599.

BARRACLOUGH, J., & GILL, D. (1997). *Bases da Psiquiatria moderna.* Lisboa: Climepsi (Obra original publicada em 1996).

BARTELSTONE, J., H. & TRULL, T. J. (1995). Personality, life events, and depression. *Journal of Personality Assessment, 64*(2), 279-294.

BECK, A. T. (1983). Cognitive therapy of depression: New perspectives. In P. Clayton & J. E. Barret (Eds.), *Treatment of depression: Old controversies and new approaches* (pp. 265-290). New York: Raven.

BEEBER, A. R., KLINE, M. D., PIES, R. W., & MANRING, J. M. (1984). Hysteroid dysphoria in depressed inpatients. *Journal of Clinical Psychiatry, 45*, 164--166.

BENJAMIN, L. S. (1994). The bridge is supposed to reach the clinic, not just another corner of the academy. *Psychological Inquiry, 5*(4), 336-343.

BENTO, A., CARREIRA, M., & HEITOR, M. J. (2001). *Censo psiquiátrico de 2001: Síntese dos resultados preliminares*. Lisboa: Direcção Geral de Saúde.

BERGERET, J. (1976). Dépressivité et depression dans la cadre de l'économie dépressive. *Revue Française de Psychanlyse, 5-6*, 835-837.

BESSER, A. (2005). Interpersonal relatedness and self-definition: Two primary lines of personality development and experiences of depression. *Personality and Individual Differences, 38*(6), 1487-1490.

BLATT, S. (1974). Levels of object representation in anaclitic and introjective depression. *Psychoanalytic Study of the Child, 29*, 107-157.

BLATT, S. J. (1990). Interpersonal relatedness and self-definition: Two primary configurations and their implications for psychopathology and psychotherapy. In J. L. Singer (Ed.), *Repression and dissociation: Implications for personality theory, psychopathology, and health* (pp. 299-335). Chicago: University of Chicago Press.

BLATT, S. J. (1991). A cognitive morphology of psychopathology. *Journal of Nervous and Mental Disease, 179*(8), 449-458.

BLATT, S. J. (1995). Representational structures in psychopathology. In D. Cicchetti & S. L. Toth (Eds.), *Emotion, cognition, and representation* (pp. 1-33). Rochester Symposium on Developmental Psychopathology. Rochester.

BLATT, S. J. (2004). *Experiences of depression: Theoretical, research and clinical perspectives*. Washington, DC: American Psychological Association.

BLATT, S., D'AFFLITTI, J., & QUINLAN, D. (1976). Experiences of depression in normal young adults. *Journal of Abnormal Psychology, 85*(4), 383-389.

BLATT, S., D'AFFLITTI, J., & QUINLAN, D. (1979). *Depressive Experiences Questionnaire*. Unpublished Manual, Yale University, New Haven, CT.

BLATT, S. J., & HOMANN, E. (1992). Parent-child interaction in the etiology of dependent and self-critical depression. *Clinical Psychology Review, 12*, 47-91.

BLATT, S. J., & LERNER, H. (1983). Psychodynamic perspectives on personality theory. In M. Hersen, A. E. Kazdin & A. S. Bellack (Eds.), *The clinical psychology handbook* (pp. 87-106). New York: Pergamon Press.

BLATT, S. J., & LEVY, K. N. (1998). A psychodynamic approach to the diagnosis of psychopathology. In J. W. Barron (Ed.), *Making diagnosis meaningful: Enhancing evaluation and treatment of psychological disorders* (pp. 73--109). Washington: American Psychological Association.

BLATT, S. J., & MAROUDAS, C. (1992). Convergences among psychoanalytic and cognitive-behavioural theories of depression. *Psychoanalytic Psychology*, 9(2), 157-190.

BLATT, S. J., QUINLAN, D. M., CHEVRON, E. S., McDONALD, C., & ZUROFF, D. (1982). Dependency and self-criticism: Psychological dimensions of depression. *Journal of Consulting and Clinical Psychology*, 50(1), 113-124.

BLATT, S. J., & SEGAL, Z. V. (1997). Introduction. *In Session*, 3(3), 1-3.

BLATT, S. J., & SHAHAR, G. (2005). A dialectic model of personality development and psychopathology: Recent contributions to understanding and treating depression. In J. Corveleyn, P. Luyten & S. J. Blatt (Eds), *The theory and treatment of depression: Towards a dynamic interactionism model* (pp. 137-162). Leuven: Leuven University Press.

BLATT, S. J., SHAHAR, G., & ZUROFF, D. C. (2001). Anaclitic (sociotropic) and introjective (autonomous) dimensions. *Psychotherapy: Theory, Research, Practice, Training*, 38(4), 449-454.

BLATT, S. J., & SHICHMAN, S. (1983). Two primary configurations of psychopathology. *Psychoanalysis and Contemporary Thought*, 6(2), 187-254.

BLATT, S. J., WEIN, S. J., CHEVRON. E., & QUINLAN, D. M. (1979). Parental representations and depression in normal young adults. *Journal of Abnormal Psychology*, 88(4), 388-397.

BLATT, S. J., WILD, C. M., & RITZLER, B. A. (1975). Disturbances of object representations in schizophrenia. *Psychoanalysis and Contemporary Science*, 4, 235-288.

BLATT, S. J., ZOHAR, A. H., QUINLAN, D. M., ZUROFF, D. C., & MONGRAIN, M. (1995). Subscales within the dependency factor of the Depressive Experiences Questionnaire. *Journal of Personality Assessment*, 64(2), 319-339.

BLATT, S. J., & ZUROFF, D. C. (1992). Interpersonal relatedness and self-definition: Two prototypes for depression. *Clinical Pychology Review*, 12, 527--562.

BLATT, S. J., ZUROFF, D. C., QUINLAN, D. M., & PILKONIS, P. A. (1996). Interpersonal factors in brief treatment of depression: Further analyses of the National Institute of Mental Health Treatment of Depression Collaborative Research Program. *Journal of Consulting and Clinical Psychology*, 64, 162-171.

BOWLBY, J. (1980). *Attachment and loss: Loss, separation and depression* (vol 3). New York: Basic Books.

BRENNER, C. (1974). Depression, anxiety and affect theory. *International Journal of Psycho-Analysis*, 55, 25-32.

BRENNER, C. (1982). *The mind in conflict*. Madison, CT: International Universities Press.

BRIEGER, P., & MARNEOS, A. (1997). Comorbidity between personality and dysthymic disorders: Historical and conceptual issues. *American Journal of Psychiatry*, 154(7), 1039-1039.

Brown, G. W.; & Harris, T. O. (1993). Aetiology of anxiety and depressive disorders in an inner-city population. 1. Early adversity. *Psychological Medicine, 23*, 143-154.

Bucher, R. (1979). *Depressão e melancolia: Estrutura e classificação dos estados depressivos.* Rio de Janeiro: Zahar Editores (Obra original publicada em 1977).

Burbach, D. J., & Borduin, C. M. (1986). Parent-child relations and the etiology of depression: A review of methods and findings. *Clinical Psychology Review, 6*(2), 133-153.

Burket, R. C., & Myers, W. C. (1995). Axis I and personality comorbidity in adolescents with conduct disorder. *Bulletin of the American Academy of Psychiatry & the Law, 23*(1), 73-82.

Campos, R. C. (1999). O adoecer depressivo: Síntese descritiva do modelo teórico de Coimbra de Matos de compreensão da patologia depressiva e do seu tratamento. *Revista Portuguesa de Pedopsiquiatria, 15*, 1-27.

Campos, R. C. (2000a). *Análise exploratória das manifestações da dependência e do auto-criticismo enquanto estilos de personalidade no método do Rorschach.* Dissertação de Mestrado em Psicologia (Clínica), Faculdade de Psicologia e de Ciências da Educação da Universidade de Lisboa, Lisboa.

Campos, R. C. (2000b). Adaptação do Questionário de Experiências Depressivas (de Sidney Blatt e colegas) para a população portuguesa. *Análise Psicológica, 18*(3), 285-309.

Campos, R. C. (2000c). Síntese dos aspectos centrais da perspectiva teórica de Sidney Blatt sobre a depressão. *Análise Psicológica, 18*(3), 311-318.

Campos, R. C. (2001). As manifestações da dependência e do auto-criticismo enquanto estilos de personalidade no Rorschach: Um estudo exploratório. *Psicologia: Teoria, Investigação e Prática, 6*(2), 375-391.

Campos, R. C. (2002). The manifestations of dependent and self-critical personality styles in Rorschach: An exploratory study. *Journal of Projective Psychology & Mental Health, 9*(2), 93-104.

Campos, R. C. (2003). Síntese integrativa dos aspectos centrais da perspectiva teórica de Sidney Blatt sobre o desenvolvimento da personalidade e sobre a psicopatologia. *Revista Portuguesa de Psicossomática, 5*(1), 91-99.

Campos, R. C. (2004). O Processo de Avaliação da Personalidade e os instrumentos de medida que utiliza: Algumas notas em torno da sua caracterização em contexto clínico. *Ciência Psicológica, 9*, 95-113.

Campos, R. C., & Gonçalves, B. (2004). Alguns dados sobre a prevalência de sintomatologia depressiva na população universitária portuguesa. In C. Machado, L. Almeida, M. Gonçalves & V. Ramalho (Eds.), *Actas da X Conferência Internacional de Avaliação Psicológica: Formas e contextos* (pp. 50-53). Braga: Psiquilibrios Edições.

Campos, R. C (2006). *'Depressivos somos nós': Um estudo de conceptualização e avaliação da personalidade depressiva e da depressão.* Dissertação de doutoramento em Psicologia apresentada à Universidade de Évora, Évora

CARSON, R. C. (1991). Dilemmas in the pathway of the DSM-IV. *Journal of Abnormal Psychology, 100*(3), 302-307.

CARSON, R. C. (1993). Can the Big Five help salvage the DSM? *Psychological Inquiry, 4*(2), 98-100.

CASSANO, G. B., DELL'OSSO, L., FRANK, E., MINIATI, M., FAGIOLINI, A., SHEAR, K., & PINI, S. (1999). The bipolar spectrum: A clinical reality in search of diagnostic criteria and an assessment methodology. *Journal of Affective Disorders, 54*(3), 319-328.

CHAPPA, H. J. (2003). *Distimia y otras depresiones cronicas: Tratamiento psicofarmacologico y cognitivo-social*. Buenos Aires: Editorial Medica Panamericana.

CHIOQUETA, A. P., & STILES, T. C. (2005). Personality traits and the development of depression, hopelessness, and suicide ideation. *Personality and Individual Differences, 38*(6), 1283-1291.

CHOCA, J. P., SHANLEY, L. A., & VAN DENBURG, E. (1992). *Interpretative guide to the Millon Clinical Multiaxial Inventory (MCMI)*. Washington, DC: American Psychological Association.

CHODOFF, P. (1972). The depressive personality: A critical review. *Archives of General Psychiatry, 27*, 666-673.

CHODOFF, P. (1986). DSM-III and psychotherapy. *American Journal of Psychiatry, 143*(2), 201-203.

CHOPRA, K. K., BAGBY, R. M., DICKENS, S., KENNEDY, S. H., RAVINDRAN, A., & LEVITAN, R. D. (2005). A dimensional approach to personality in atypical depression. *Psychiatry Research, 134*(2), 161-167.

CLARIDGE, G., & DAVIS, C. (2003). *Personality and psychological disorders*. London: Arnold.

CLARK, L. A. (1993). Personality disorder diagnosis: Limitations of the five-factor model. *Psychological Inquiry, 4*(2), 100-104.

CLARK, L. A., LIVESLEY, W. J., & MOREY, L. (1997). Personality disorder assessment: The challenge of construct validity. *Journal of Personality Disorders, 11*, 205-231.

CLARK, L. A., & WATSON, D. (1991). Tripartite model of anxiety and depresssion: Psychometric evidence and taxonomic implications. *Journal of Abnormal Psychology, 100*(3), 316-336.

CLARK, L. A., & WATSON, D. (1999). Personality, disorder, and personality disorder: Towards a more rational conceptualization. *Journal of Personality Disorders, 13*(2), 142-151.

CLARK, L. A. & WATSON, D., & MINEKA, S. (1994). Temperament, personality and the mood and anxiety disorders. *Journal of Abnormal Psychology, 103*, 103-116.

CLARK, L. A., WATSON, D., & REYNOLDS, S. (1995). Diagnosis and classification of psychopathology: Challenges to the current system and future directions. *Annual Review of Psychology, 46*, 121-153.

COELHO, R. (2002). Prefácio. In A. Coimbra de Matos (Ed.), *O Desespero: Aquém da depressão* (pp. xiii-xvi). Lisboa: Climepsi.

COELHO, R. (2004). *Depressão: Perspectiva psicodinâmica.* Lisboa: Lidel.

COFER, D. H., & WITTENBORN, J. R. (1980). Personality characteristics of formerly depressed women. *Journal of Abnormal Psychology, 89*, 309-314.

COIMBRA DE MATOS, A. (1982a). Esquema do núcleo depressivo da personalidade. *O Médico, 103*, 1-3.

COIMBRA DE MATOS, A. (1982b). A relação depressiva. *O Médico, 108*, 559-560.

COIMBRA DE MATOS, A. (1985). Depressão, depressividade e depressibilidade. *Revista Portuguesa de Psicanálise, 1*, 41-47.

COIMBRA DE MATOS, A. (1984). Psicopatologia dinâmica. *Jornal do Médico, 125 & 126*, 2073-2096.

COIMBRA DE MATOS, A. (1986). Depressão: Estrutura e funcionamento. *Revista Portuguesa de Psicanálise, 4*, 75-84.

COIMBRA DE MATOS, A. (1987). Depressão: Arqueologia do ódio. *O Médico, 122*, 870-873 e 942-944; *123*, 323-326.

COIMBRA DE MATOS, A. (1995). A propósito da depressão. *Revista Portuguesa de Pedopsiquiatria, 10,* 7-9.

COIMBRA DE MATOS, A. (1996). A depressão na infância e na adolescência. Comunicação apresentada no *VII Encontro Nacional de Pedopsiquiatria.* Beja, 12 de Dezembro.

COIMBRA DE MATOS, A. (1997). Narcisismo e depressão. *Revista Portuguesa de Psicanálise, 16,* 19-25.

COIMBRA DE MATOS, A. (2001). *Depressão: Episódios de um percurso em busca do seu sentido.* Lisboa: Climepsi.

COIMBRA DE MATOS, A. (2002a). *O desespero: Aquém da depressão.* Lisboa: Climepsi.

COIMBRA DE MATOS, A. (2002b). *Psicanálise e psicoterapia psicanalítica.* Lisboa: Climepsi.

COIMBRA DE MATOS, A. (2002c). *Adolescência: O triunfo do pensamento e a descoberta do Amor.* Lisboa: Climepsi.

COIMBRA DE MATOS, A. (2003). *Mais amor menos doença: A psicossomática revisitada.* Lisboa: Climepsi.

COOPER, A. M., & MICHELS, R. (1981). Book review: American Psychiatric Association: Diagnostic and Statistical Manual of Mental disorders, 3rd ed. *American Journal of Psychiatry, 138*, 128-129.

COSTA, T., & McCRAE, R. R. (1992). *Revised NEO Personality Inventory: Professional Manual.* Odessa, FL: Psychological Assessment Resources.

COX, B. J., ENNS, M. W., BORGER, S. C., & PARKER, J. D. A. (1999). The nature of the depressive experience in analogue and clinically depressed samples. *Behaviour Research and Therapy, 37*, 15-24.

COX, B. J., ENNS, M. W., & LARSEN, D. K. (2001). The continuity of depression symptoms: Use of cluster analysis for profile identification in patient and student samples. *Journal of Affective Disorders, 65*, 67-73.

Coyne, J. C. (1994). Self-reported distress: Analog or ersatz depression. *Psychological Bulletin, 116*(1), 29-45.

Coyne, J. C., & Whiffen, V. E. (1995). Issues in personality as diathesis for depression: The case of sociotropy-dependency and autonomy-self-criticism. *Psychological Bulletin, 118*(3), 358-378.

Dalgalarrondo, P. (2000). *Psicopatologia e semiologia dos transtornos mentais*. Porto Alegre: ArtMed Editora.

Davidson, J. R. T. (1997). Atypical depressions. In H. S. Akiskal & G. B. Cassano (Eds.), *Dysthymia and the spectrum of chronic depressions* (pp. 165-173). New York: Guilford Press.

Davis, S. E., & Hays, L. W. (1997). An examination of the clinical validity of the MCMI-III depressive personality scale. *Journal of Clinical Psychology, 53*(1), 15-23.

Dias Cordeiro, J. (1982). A saúde mental e a vida: Pessoas e populações em risco psiquiátrico. Lisboa: Moraes Editores.

Dyck, M. J., & Stewart, B. L. (1991). Cognitive vulnerability to depression. *Journal of Cognitive Psychotherapy: An International Quarterly, 5*(2), 115-129.

Elliott, R., & Wexler, M. M. (1994). Measuring the impact of sessions in process-experiential therapy of depression: The Session Impacts Scale. *Journal of Counseling Psychology, 41*(2), 166-174.

Endler, N. S., Macrodimitris, S. D., & Kocovski, N. L. (2000). Depression: The complexity of self-report measures. *Journal of Applied Biobehavioral Research, 5*(1), 26-46.

Eusanio, A. M. (1977). *Personality characteristics of depressed women*. Doctoral Dissertation, Rutgers the State University of New Jersey. Digital Disserations, ProQuest.

Feighner, J. P., Robins, E., & Guze, S. B. (1972). Diagnostic criteria for use in psychiatric research. *Archives of General Psychiatry, 26*, 57-63.

Fernandes da Fonseca, A. (1985). *Psiquiatria e Psicopatologia*. Lisboa: Fundação Calouste Gulbenkian.

Fernandes da Fonseca, A (2001). Prefácio. In A. Coimbra de Matos (Ed.), *A Depressão: Episódios de um percurso em busca do seu sentido* (pp. xiii-xiv). Lisboa: Climepsi.

First, M. B., Gibbon, M., Spitzer, R. L., Williams, J. B. W., & Benjamin. L. S. (1997). *User's guide for the structured clinical interview for DSM-IV Axis II personality disorders (SCID-II)*. Washington, DC: American Psychiatric Press.

Flett, G. L., Hewitt, P. L., & Mittelstaedt, W. M. (1991). Dysphoria and components of self-punitiveness: A re-analysis. *Cognitive Therapy and Research, 15*(3), 201-219.

Flett, G. L., Vredenburg, K., & Krames, L. (1997). The continuity of depression in clinical and nonclinical samples. *Psychological Bulletin, 121*(3), 395-416.

FLICK, S. N., ROY-BYME, P. P., COWLEY, D. S., SHORES, M. M., & DUMMER, D. L. (1993). DSM-III-R personality disorders in a mood and anxiety disorders clinic: Prevalence, comorbidity, and clinical correlates. *Journal of Affective Disorders, 27*(2), 71-79.

FRANCES, A. J., FIRST, M. B., WIDIGER, T. A., MIELE, G. M., TILLY, S. M., DAVIS, W. W., & PINCUS, H. A. (1991). An A to Z guide to DSM-IV conundrums. *Journal of Abnormal Psychology, 100*(3), 407-412.

FRANCHE, R., & DOBSON, K. (1992). Self-criticism and interpersonal dependency as vulnerability factors to depression. *Cognitive Therapy and Research, 16*(4), 419-435.

FREEMAN, H. L. (1994). Historical and nosological aspects of dysthymia. *Acta Psychiatrica Scandinavica, 89*, 7-11.

FREUD, S. (1917/1980). *Luto e melancolia* (Edição standard brasileira das obras psicológicas completas de Sigmund Freud – vol. XIV). Rio de Janeiro: Imago Editora.

FREUD, S. (1923/1980). *O eu e o id* (Edição standard brasileira das obras psicológicas completas de Sigmund Freud – vol. XIX). Rio de Janeiro: Imago Editora.

FREUD, S. (1925/1980). *Inibições, sintomas e angústia* (Edição standard brasileira das obras psicológicas completas de Sigmund Freud – vol. XX). Rio de Janeiro: Imago Editora.

GABBARD, G. O. (1998). *Psiquiatria psicodinâmica*. Porto Alegre: ArtMed Editora (Obra original publicada em 1994).

GASTÓ, C. (1999). Depresiones crónicas. In J. Vallejo Ruloba & C. Gastó (Eds.), *Transtornos afectivos: Ansiedad e depresion* (2ª ed.) (pp. 289-307). Madrid: Masson.

GILBERT, P. (1992). *Depression: The evolution of powerlessness*. Hilsdale: Lawrence Eribaum Associates.

GOLDSTEIN, W. N., & ANTHONY, R. N. (1988). The diagnosis of depression and the DSMs. *American Journal of Psychoterapy, 42*(2), 180-196.

GONÇALVES, B., & FAGULHA, T. (2004). Prevalência e diagnóstico da depressão em medicina geral e familiar. *Revista Portuguesa de Clínica Geral, 20*, 13-27.

GONÇALVES, A., WOODWARD, M. J., & MILLON, T. (1994). Millon Clinical Multi-axial Inventory-II. In M. E. Maruish (Ed.), *The use of psychological testing for treatment planning and outcome assessment* (pp. 161-184). Hillsdale, NJ: Lawrence Erlbaum Associates.

GONZÁLEZ, A., & JIMÉNEZ, S. (1999). Personalidad depressiva. In J. Vallejo Ruloba & C. Gastó (Eds.), *Transtornos afectivos: Ansiedad e depression* (2ª ed.) (pp. 479-488). Madrid: Masson.

GOTLIB, I. H. (1984). Depression and general psychopathology in university students. *Journal of Abnormal Psychology, 93*(1), 19-30.

GRUENBERG, A. M., GOLDSTEIN, R. D., & PINCUS, H. A. (2005). Classification of depression: Research and diagnostic criteria: DSM-IV and ICD-10. In J. Licinio & M. L. Wong (Eds.), *Biology of depression: From novel insight to therapeutic strategies* (pp. 1-12). Weinheim: Willey.

GUNDERSON, J. G., PHILLIPS, K. A., TRIEBWASSER, J., & HIRSCHFELD, R. M. (1994). The diagnostic interview for depressive personality. *American Journal of Psychiatry, 151*, 1300-1304.

HAAGA, D. A., & SOLOMON, A. (1993). Impact of Kendall, Hollon, Beck, Hammen, and Ingram (1987) on treatment of the continuity issue in "depression" research. *Cognitive Therapy and Research, 17*, 313-324.

HANKIN, B. J., FRALEY, R. C., LAHEY. B. B., & WALDMAN, I. D. (2005). Is depression best viewed as a continuum or discrete category? A taxometric analysis of childhood and adolescent depression in a population-based sample. *Journal of Abnormal Psychology, 114*(1), 96-110.

HARKNESS, K. L., BAGBY, R. M., JOFFE, R. T., & LEVITT, A. (2002). Major depression, chronic minor depression, and the five-factor model of personality. *European Journal of Personality, 16*(4), 271-281.

HARTLAGE, S., ARDUINO, K., & ALLOY, L. B. (1998). Depressive personality characteristics: State dependent concomitants of depressive disorder and traits independent of current depression. *Journal of Abnormal Psychology, 107*(2), 349-354.

HAYDEN, E. P., & KLEIN, D. N. (2001). Outcome of dysthymic disorder at 5-year follow-up: The effect of familial psychopathology, early adversity, personality, comorbidity, and chronic stress. *Archives of General Psychiatry, 158*, 1864-1870.

HAYNAL, A. (1978). Some reflexions on depressive affect. *International Journal of Psychoanalysis, 59*, 165-171.

HAYNES, P. L., ANCOLI-ISRAEL, S., & McQUAID, J. (2005). Illuminating the impact of habitual behaviors in depression. *Chronobiology International, 22*(2), 279-297.

HEWITT, P. L., EDIGER, E., & FLETT, G. L. (1996). Perfectionism and depression: Longitudinal assessment of a specific vulnerability hypothesis. *Journal of Abnormal Psychology, 105*(2), 276-280.

HIROE, T., KOJIMA, M., YAMAMOTO, I., NOJIMA, S., KINOSHITA, Y., HASHIMOTO, N., WATANABE, N., MAEDA, T., & FURUKAWA, T. A. (2005). Gradations of clinical severity and sensitivity to change assessed with the Beck Depression Inventory-II in Japanese patients with depression. *Psychiatry Research, 135*(3), 229-235.

HIRSCHFELD, R. (1994). Major depression, dysthymia and depressive personality disorder. *British Journal of Psychiatry, 165*, 23-30.

HIRSCHFELD, R. M. A. (1995). Dr. Hirschfeld replies. *Journal of Clinical Psychiatry, 56*(6), 266-266.

Hirschfeld, R. M. A., & Holzer, C. E. (1994). Depressive personality disorder: Clinical implications. *Journal of Clinical Psychiatry, 55*(4), 10-17.

Hirschfeld, R., Klerman, G., Clayton, P. T., Keller, M. B., McDonald-Scott, P., & Larkin, B. H. (1983). Assessing personality: Effects of the depressive state on trait measurement. *American Journal of Psychiatry, 140*(6), 695-699.

Hirschfeld, R., Klerman, G., Lavori, P., Keller, M., Griffith, P., & Coryell, W. (1989). Premorbid personality assessments of first onset of major depression. *Archives of General Psychiatry, 46*, 345-350.

Horn, J. L. (1965). A rationale and test for the number of factors in factor-analysis. *Psychometrika, 30*, 179-185.

Horwath, E., Johnson, J., Klerman, G. L., & Weissman, M. M. (1992). Depressive symptoms as relative and attributable risk factors for first-onset major depression. *Archives of General Psychiatry, 49*, 817-823.

Hudson, J. I., & Pope, H. G. (1990). Affective spectrum disorder: Does antidepressant response identify a family of disorders with a common pathophysiology? *American Journal of Psychiatry, 147*(5), 552-564.

Huprich, S. K. (1998). Depressive personality: Theoretical issues, clinical findings, and future research questions. *Clinical Psychology Review, 18*(5), 477-500.

Huprich, S. K. (2000). Describing depressive personality analogues and dysthymics on the NEO-Personality Inventory-Revised. *Journal of Clinical Psychology, 56*(12), 1521-1534.

Huprich, S. K. (2001a). The overlap of depressive personality disorder and dysthymia, reconsidered. *Harvard Review of Psychiatry, 9*, 158-168.

Huprich, S. K. (2001b). Object loss and object relations in depressive personality analogues. *Bulletin of the Menninger Clinic, 65*(4), 549-559.

Huprich, S. K. (2003a). Depressive personality and its relationship to depressed mood, interpersonal loss, negative parental perceptions, and perfeccionism. *Journal of Nervous and Mental Disease, 191*(2), 73-79.

Huprich, S. K. (2003b). Evaluating facet-level predictions and construct validity of depressive personality disorder. *Journal of Personality Disorders, 17*(3), 219-232.

Jackson, S. W. (1986). *Melancholia & depression: From hypocratic times to modern times*. New Haven: Yale University Press.

Johnson, J. G., Cohen, P., Kasen, S., & Brook, J. S. (2005). Personality disorder traits associated with risk for unipolar depression during middle adulthood. *Psychiatry Research, 136*(2-3), 113-121.

Jones, E. E. (1998). Depression: Intervention as assessment. In J. W. Barron (Ed.), *Making diagnosis meaningful: Enhancing evaluation and treatment of psychological disorders* (pp. 267-297). Washington, DC: American Psychological Association.

Judd, L. L., & Akiskal, H. S. (2000). Delineating the longitudinal structure of depressive illness: Beyond clinical subtypes and duration thresholds. *Pharmacopsychiatry, 33*, 3-7.

JUDD, L. L., AKISKAL, H. S., & PAULUS, M. P. (1997). The role and clinical significance of subsyndromal depressive disorders (SSD) in unipolar major depressive disorder. *Journal of Affective Disorders, 45*, 5-17.

KELLER, M. B., LAVORI, P. W., ENDICOTT, J., CORYELL, W., & KLERMAN, G. L. (1983). "Double depression": two year follow-up. *American Journal of Psychiatry, 140*(6), 689-694.

KELLER, M. B., & SHAPIRO, R. W. (1982). "Double depression": Superimposition of acute depressive episodes on chronic depressive disorders. *American Journal of Psychiatry, 139*(4), 438-442.

KERNBERG, O. (1970). A psychoanalytic classification of character pathology. *Journal of the American Psychoanalytic Association, 18*(4), 800-822.

KERNBERG, O. (1988). Clinical dimensions of masochism. *Journal of the American Psychoanalytic Association, 36*(4), 1005-1029.

KLEIN, D. N. (1990). Depressive personality: Reliability, validity and relation to dysthymia. *Journal of Abnormal Psychology, 99*(4), 412-421.

KLEIN, D. N. (1999a). Commentary on Ryder and Bagby's "Diagnostic Viability of depressive personality disorder: Theoretical and conceptual issues". *Journal of Personality Disorders, 13*(2), 118-127.

KLEIN, D. N. (1999b). Depressive personality in the relatives of outpatients with dysthymic disorder and episodic major depressive disorder and normal controls. *Journal of Affective Disorders, 55*, 19-27.

KLEIN, D. N., CLARK, D. C., DANSKY, L., & MARGOLIS, E. T. (1988). Dysthymia in the offspring of parents with primary unipolar affective disorders. *Journal of Abnormal Psychology, 97*(3), 265-274.

KLEIN, D. N., HARDING, K., TAYLOR, E. B., & DICKSTEIN, S. (1988). Dependency and self-criticism in depression: Evaluation in a clinical population. *Journal of Abnormal Psychology, 97*(4), 399-404.

KLEIN, D. N., & MILLER, G. A. (1993). Depressive personality in nonclinical subjects. *American Journal of Psychiatry, 150*, 1718-1724.

KLEIN, D. N., & MILLER, G. A. (1997). Depressive personality: Relationship to dysthymia and major depression. In H. S. Akiskal & G. B. Cassano (Eds.), *Dysthymia and the spectrum of chronic depressions* (pp. 87-95). New York: The Guilford Press.

KLEIN, D. N., NORDEN, K. A., FERRO, T., LEADER, J. B., KASCH, K. L., KLEIN, L. M., SCHWARTZ, J. E., & ARONSON, T. A. (1998). Thirty-month naturalistic follow-up of early-onset dysthymic disorder: Course, diagnostic stability and prediction of outcome. *Journal of Abnormal Psychology, 107*(2), 338-348.

KLEIN, D. N., & SHIH, J. H. (1998). Depressive personality: Associations with DSM-III-R mood and personality disorders and negative and positive affectivity, 30-month stability, and prediction of course of Axis I depressive disorders. *Journal of Abnormal Psychology, 107*(2), 319-327.

KLEIN, D. N., TAYLOR, E. B., DICKSTEIN, S., & HARDING, K. (1988a). Primary early-onset dysthymia: Comparison with primary nonbipolar nonchronic major depression on demographic, clinical, familial, personality and socioenvironmental characteristics and short-term outcome. *Journal of Abnormal Psychology, 97*(4), 387-398.

KLEIN, D. N., TAYLOR, E. B., DICKSTEIN, S., & HARDING, K. (1988b). The early-late onset distinction in DSM-III-R dysthymia. *Journal of Affective Disorders, 14*, 25-33.

KLEIN, D. N., & VOCISANO, C. (1999). Depressive and self-defeating (masochistic) personality disorders. In T. Millon, P. H. Blaney & R. D. Davis (Eds.), *Oxford textbook of psychopathology* (pp. 653-673). New York: Oxford University Press.

KLEIN, M. H., WONDERLICH, S., & SHEA, M. T. (1993). Models of relationships between personality and depression: Toward a framework for theory and research. In M. H. Klein, D. J. Kupfer & T. Shea (Eds.), *Personality and depression: A current view* (pp. 1-54). New York: Guilford Press.

KOCSIS, J. H., & FRANCES, A. J. (1987). A critical discussion of DSM-III dysthymic disorder. *American Journal of Psychiatry, 144*, 1534-1542.

KOENIGSBERG, H. W., KAPLAN, R. D., GILMORE, M. M., & COOPER, A. M. (1985). The relationship between syndrome and personality disorder in DSM-III: Experience with 2,462 patients. *American Journal of Psychiatry, 142*, 207--212.

KOLDOBSKY, N. (2003). Personalidad depresiva. In H. J. Chappa (Ed.), *Distimia y otras depresiones cronicas: Tratamiento psicofarmacologico y cognitivo--social* (pp. 53-64). Buenos Aires: Editorial Medica Panamericana.

KOVACS, M., AKISKAL, H. S., GATSONIS, C., & PARRONE, P. L. (1994). Childhood onset of dysthymic disorder: Clinical features and prospective naturalistic outcome. *Archives of General Psychiatry, 51*, 365-374.

KRAEPELIN, E. (1921). Manic depressive insanity and paranoia. Chicago: Chicago Medical Book.

KRETSCHMER, E. (1925).Physique and character: An investigation of the nature of constitution and the theory of temperament. New York: Harcourt, Brace.

KROHNE, H. W., SCHMUKLE, S. C., SPADERNA, H., & SPIELBERGER, C. D. (2002). The state-trait depression scales: An international comparison. *Anxiety, Stress and Coping, 15*(2), 105-122.

KUPFER, D. J., FIRST, M. B., & REGIER, D. A. (2005). *Agenda de investigação para o DSM-V*. Lisboa: Climepsi (Obra original publicada em 2002).

KWON, J. S., KIM, Y., CHANG, C., PARK, B., KIM, L., YOON, D. J., HAN, W., LEE, H., & LYOO, I. K. (2000). Three-year follow-up of women with the sole diagnosis of depressive personality disorder: Subsequent development of dysthymia and major depression. *American Journal of Psychiatry, 157*, 1966-1972.

LAESSLE, R. G., KITTL, S., FICHTER, M. M., PIRKE, K. M. (1988). Cognitive correlates of depression in patients with eating disorders. *Journal of Eating Disorders, 7*(5), 681-686.

LAPTOOK, R. S., KLEIN, D. N., & DOUGHERTY, L. R. (2006). Ten-year stability of depressive personality disorder in depressed outpatients. *American Journal of Psychiatry, 163*(5), 865-871.

LEARY, T. (1957). *Interpersonal diagnosis of personality: A functional theory and methodology for personality evaluation.* New York: Ronald Press.

LEHMAN, A. K., ELLIS, B., BECKER, J. ROSENFARB, I., DEVINE, R., KHAN, A., & REICHLER, R. (1997). Personality and depression: A validation study of the Depressive Experiences Questionnaire. *Journal of Personality Assessment, 68*(1) 197-210.

LEWINSOHN, P. M., HOBERMAN, H. M., & ROSENBAUM, M. (1988). A prospective study of risk factors for unipolar depression. *Journal of Abnormal Psychology, 97*(3), 251-264.

LIEBOWITZ, M. R., & KLEIN, D. F. (1979). Hysteroid dysphoria. *Psychiatric Clinics of North America, 2*(3), 555-575.

LIMA, M. P. (1997). *NEO PI-R: Contextos teóricos e psicométricos "OCEAN" ou "ice-berg".* Tese de Doutoramento em Psicologia (Psicologia do Desenvolvimento), Faculdade de Psicologia e de Ciências da Educação da Universidade de Coimbra, Coimbra.

LIMA, M P., & SIMÕES, A. (1995). Inventário de Personalidade NEO PI-R. In L. S. Almeida, M. R. Simões & M. M. Gonçalves (Eds.), *Provas psicológicas em Portugal* (Vol. 1) (pp. 133-149). Braga: APPORT.

LIMA, M. P., & SIMÕES, A. (1998). Aplicações clínicas do Modelo dos Cinco Factores. *Psiquiatria Clínica, 19*(1), 21-30.

LIVESLEY, W. J. (1998). Suggestions for a framework for an empirically based classification of personality disorder. *Canadian Journal of Psychiatry, 43*(2), 137-47.

LIVESLEY, J. (1999). Depressive personality disorder: An introduction. *Journal of Personality Disorders, 13*(2), 97-98.

LIVESLEY, W. J., JACKSON, D. N., & SCHROEDER, M. L. (1992). Factorial structure of traits delineating personality disorders in clinical and general population samples. *Journal of Abnormal Psychology, 101*, 432-440.

LUDOLPH, P. S., MILDEN, R. S., & LERNER, H. D. (1988). Rorschach profiles of depressives: Clinical case ilustrations. In H. Lerner & P. Lerner (Eds.), *Primitive mental states and the Rorschach* (pp. 463-493). Madison: International Universities Press.

LYNAM, D. R., & WIDIGER, T. A. (2001). Using the five-factor model to represent the DSM-IV personality disorders: An expert consensus approach. *Journal of Abnormal Psychology, 110*, 401-412.

LYOO, K., GUNDERSON, J. G., & PHILLIPS, K. A. (1998). Personality dimensions associated with depressive personality disorder. *Journal of Personality Disorders, 12*(1), 46-55.

MARCELLI, D., & BRACONIER (1984). *Psychopathologie de l'adolescent*. Paris: Masson.

MARKOWITZ, J. C., MORAN, M. E., KOCSIS, J. H., & FRANCES, A. J. (1992). Prevalence and comorbidity of dysthymic disorder among psychiatric outpatients. *Journal of Affective Disorders, 24*(2), 63-71.

MARKOWITZ, J. C., SKODOL, A. E., PETKOVA, E., XIE, H., CHENG, J., HELLERSTEIN, D. J., GUNDERSON, J. G., SANISLOW, C. A., GRILO, C. M., & McGLASHAN, T. H. (2005). Longitudinal comparison of depressive personality disorder and dysthymic disorder. *Comprehensive Psychiatry, 46*(4), 239-245.

MATOS, M. (1996). Adolescer e delinquir. *Análise Psicológica, 14*(1), 23-29.

MATSUDAIRA, T., & KITAMURA, T. (2005). Personality traits as risk factors of depression and anxiety among japanese students. *Journal of Clinical Psychology, 61*, 1-13.

MATUSSEK, P., & FEIL, W. (1983). Personality attributes of depressive patients. *Archives of General Psychiatry, 40*, 783-790.

MATUSSEK, P., LUKS, O., & SEIBT, G. (1986). Partner relationships of depressives. *Psychopathology, 19*, 143-156.

McDERMUT, W., ZIMMERMAN, M., & CHELMINSKI, I. (2003). The construct validity of depressive personality disorder. *Journal of Abnormal Psychology, 112*(1), 49-60.

McKENDREE-SMITH, N. L., FLOYD, M., & SCOGIN, F. (2003). Self-administered treatments for depression: A review. *Journal of Clinical Psychology, 59*(3), 275-288.

MEEHL, P. E. (1995). Bootstraps taxometrics: Solving the classification problem in psychopathology. *American Psychologist, 50*(4), 266-275.

MEISSNER, W. W. (1980). Notes on the potencial differentiation of borderline conditions. *International Journal of Psychoanalytic Psychotherapy, 9*, 3-49.

MILLON, T. (1991). Classification in psychopathology: Rationale, alternative, and standards. *Journal of Abnormal Psychology, 100*(2), 245-261.

MILLON, T. (1994). *Millon Clinical Multiaxial Inventory-III: Manual*. Minneapolis, MN: National Computer Systems.

MILLON, T. (1996). *Personality and psychopathology: Building a clinical science* (2nd ed.). Oxford: John Wiley & Sons.

MILLON, T., & DAVIS, R. (1996). *Disorders of personality: DSM-IV and beyond*. Oxford: John Wiley & Sons.

MINTZ, J., MINTZ, L. I., ARRUDA, M. J., & HWANG, S. S. (1992). Treatments of depression and the functional capacity to work. *Archives of General Psychiatry, 49*, 761-768.

MOREIRA, J. M. (1999). A razão de erros-padrões: Um critério objectivo para o teste do "Cotovelo" na determinação do número de factores na análise em componentes principais. *Revista Portuguesa de Psicologia, 34*, 111-147.

MOREIRA, J. M. (2004). *Questionários: Teoria e prática*. Coimbra: Almedina.

NIETZEL, M. T., & HARRIS, M. J. (1990). Relationship of dependency and achievement/autonomy to depression. *Clinical Psychology Review, 10*, 279-297.

O'HARA, M. M., SPRINKLE, S. D., & RICCI, N. A. (1998). Beck Depression Inventory-II: College population study. *Psychological Reports, 82*, 1395-1401.

ORGANIZAÇÃO MUNDIAL DE SAÚDE (s/ data). *Depression*. Busca em 28 de Junho de 2006, em http://www.who.int/mental_health/management/depression/definition/en/

OSGOOD, C. E., SUCI, G. J., & TAMMENBAUM, P. H. (1957). *The measurement of meaning*. Illinois: University of Illinois Press.

OSMAN, A., KOOPER, B. A., BARRIOS, F., GUTIERREZ, P. M., & BAGGA, C. L. (2004). Reliability and validity of the Beck Depression Inventory- II with adolescent psychiatric inpatients. *Psychological Assessment, 16*(2), 120--132.

OUIMETTE, P. C., & KLEIN, D. N. (1993). Convergence of psychoanalytic and cognitive-behavioral theories of Depression: An empirical review and new data on Blatt's and Beck's models. In J. M. Masling & R. F. Bornstein (Eds.), *Psychoanalytic perspectives on psychopathology* (pp. 191-223). Washington, DC: American Psychological Association.

OVERHOLSER, J. C. (1992). Interpersonal dependency and social loss. *Personality and Individual Differences, 13*(1), 17-23.

OVERHOLSER, J. C., & FREIHEIT, S. R. (1994). Assessment of interpersonal dependency using the Millon Clinical Multiaxial Inventory-II (MCMI-II) and the Depressive Experiences Questionnaire. *Personality and Individual Differences, 17*(1), 71-78.

PARKER, G., ROY, K.,WILHELM, K. MITCHELL, P., AUSTIN, M., & HADZI-PAVLOVIC, D. (1999). An exploration of links between early parenting experiences and personality disorder type and disordered personality functioning. *Journal of Personality Disorders, 13*(4), 361-374.

PAYKEL, E. S., RAMANA, R., COOPER, Z., HAYHURST, H., KERR, J., & BAROCKA, A. (1995). Residual symptoms after partial remission: An important outcome in depression. *Psychological Medicine, 25*(6), 1171-1180.

PERSONS, J. B. (1986). The advantages of studying psychological phenomena rather than psychiatric diagnoses. *American Psychologist, 41*(11), 1252--1260.

PERSONS, J. B., & MIRANDA, J. (1992). Cognitive theories of vulnerability to depression: Reconciling negative evidence. *Cognitive Therapy and Research, 16*(4), 485-502.

PHILLIPS, K. A., & GUNDERSON, J. G. (1999). Depressive personality disorder: Fact or fiction? *Journal of Personality Disorders, 13*(2), 128-134.

PHILLIPS, K. A., GUNDERSON, J. G., HIRSCHFELD, R. M. A., & SMITH, L. E. (1990). A review of the depressive personality. *American Journal of Psychiatry, 147*, 830-837.

PHILLIPS, K. A., GUNDERSON, J. G., TRIEBWASSER, J., KIMBLE, C. R., FAEDDA, G., LYOO, I. K., & RENN, J. (1998). Reliability and validity of depressive personality disorder. *American Journal of Psychiatry, 155*, 1044-1048.

PHILLIPS, K. A., HIRSCHFELD, R. M. A., SHEA. M. T., & GUNDERSON, J. G. (1993). Depressive personality disorder: Perspectives for the DSM-IV. *Journal of Personality Disorders, 71*(1), 30-42.

PHILLIPS, W., KIERMAN, M., & KING, A. (2001). The effects of physical activity on physical and psychological health. In A. Baum, T. Revenson & J. Singer (Eds.), *Handbook of health psychology* (pp. 627-652). London: Lawrence Eribaum Associates.

QUINLAN, D. M., BLATT, S. J., CHEVRON, E. S., & WEIN, S. J. (1992). The analysis of description of parents: Identification of a more differentiated factor structure. *Journal of Personality Assessment, 59*(2), 340-351.

RANJITH, G., FARMER, A., McGUFIN, P., & CLEARE, A. J. (2005). Personality as a determinant of social functioning in depression. *Journal of Affective Disorders, 84*(1), 73-76.

REICH, J. H., & GREEN, A. I. (1991). Effect of personality disorders on outcome of treatment. *Journal of Nervous and Mental Disease, 179*(2), 74-82.

REYNOLDS, S. K., & CLARK, L. A. (2001). Predicting dimensions of personality disorder from domains and facets of the five-factor model. *Journal of Personality, 69*(2), 199-222.

RICHMAN, H., & NELSONGRAY, R. (1994). Nonclinical panicker personality – profile and discriminative ability. *Journal of Anxiety Disorders, 8*(1), 33-47.

RIESENMY, K. R., LUBIN, B., VAN WHITLOCK, R., & PENICK, E. C. (1995). Psychometric characteristics of the trait version of the Depression Adjective Check Lists (DACL) in adult psychiatric outpatients. *Journal of Clinical Psychology, 51*(1), 13-17.

RISO, L. P., & KLEIN, D. N. (1997). Drs Riso and Klein reply. *American Journal of Psychiatry,154*(7), 1039-1040.

RISO, L. P., KLEIN, D. N., FERRO, T., KASCH, K. L., PEPPER, C. M., SCHWARTZ, J. E., & ARONSON, T. A. (1996). Understanding the comorbidity between early-onset dysthymia and cluster B personality disorders: A family study. *American Journal of Psychiatry, 153,* 900-906.

ROBINS, C. J. (1995). Personality-event interaction models of depression. *European Journal of Personality, 9,* 367-378.

ROBINS, E., & GUZE, S. B. (1970). Establishment of diagnostic validity in psychiatric illness: Its application to schizophrenia. *American Journal of Psychiatry, 126*(7), 983-987.

ROSENBAUM, M., LEWINSOHN, P. M., & GOTLIB, I. H. (1996). Distinguishing between state-dependent and non-state-dependent depression-related psychossocial variables. *British Journal of Clinical Psychology, 35,* 341-358.

ROSENFARB, I. S., BECKER, J., KHAN, A., & MINTZ, J. (1998). Dependency and self-criticism in bipolar and unipolar depressed women. *British Journal of Clinical Psychology, 37,* 409-414.

ROSENTHAL, T. L., AKISKAL, H. S., SCOTT-STRAUSS, A., ROSENTHAL, R. H., & DAVID, M. (1981). Familial and developmental factors in characteriological depressions. *Journal of Affective Disorders, 3*(2), 183-192.

RYDER, A. G., & BAGBY, R. M. (1999). Diagnostic viability of depressive personality disorder: Theoretical and conceptual issues. *Journal of Personality Disorders, 13*, 99-117.

RYDER, A. G., BAGBY, R. M., & DION, K. L. (2001). Chronic low-grade depression in a nonclinical sample: Depressive personality or dysthymia? *Journal of Personality Disorders, 15*(1), 84-93.

RYDER, A. G., BAGBY, R. M., & SCHULLER, D. R. (2002). The overlap of depressive personality disorder and dysthymia: A categorical problem with a dimensional solution. *Harvard Review of Psychiatry, 10*, 337-352.

RYDER, A. G., SCHULLER, D. R., & BAGBY, R. M. (2006). Depressive personality and dysthymia: Evaluating symptom and syndrome overlap. *Journal of Affective Disorders, 91*(2-3), 217-227.

SANDLER, J., & SANDLER, A. (1978). On the development of object relationships and affects. *International Journal of Psycho-Analysis, 59*, 285-296.

SANTOR, D. A., & COYNE, J. C. (2000). Evaluating the continuity of symptomatology between depressed and nondepressed individuals. *Journal of Abnormal Psychology, 110*(2), 216-225.

SANTOR, D. A., RAMSAY, J. O., & ZUROFF, D. C. (1994). Nonparametric item analyses of the Beck Depression Inventory: Evaluating gender item bias and response option weights. *Psychological Assessment, 6*, 255-270.

SANTOR, D. A., & ZUROFF, D. C. (1998). Controlling shared resources: Effects of dependency, self-criticism, and threats to self-worth. *Personality and Individual Differences, 24*(2), 237-252.

SANTOR, D. A., ZUROFF, D. C., RAMSAY, J. O., CERVANTES, P., & PALACIOS, J. (1995). Examining scale discriminability in the BDI and CES-D as a function of depressive severity. *Psychological Asessement, 7*, 131-139.

SANTOS, S. C., & SILVA, D. R. (1997). Adaptação do State-Trait Anxiety Inventory - STAI Forma Y para a população portuguesa: Primeiros dados. *Revista Portuguesa de Psicologia, 32*, 85-98.

SCHRADER, G. (1994). Chronic depression: State or trait. *Journal of Nervous and Mental Disease, 182*(10), 552-555.

SCHRADER, G. D., & TSOURTOS, G. (1996). Role of depressive personality in determining clinical characteristics of chronic depression. *Journal of Personality Disorders, 10*(4), 370-376.

SCHROEDER, M. L., WORMWORTH, J. A., & LIVESLEY, W. J. (1992). Dimensions of personality disorder and their relationships to the Big Five dimensions of personality. *Psychological Assessment, 4*(1), 47-53.

SCHNEIDER, K.(1959). Clinical psychopathology. New York: Grune & Stratton.

SCHWARZ, J. C., & ZUROFF, D. C. (1979). Family structure and depression in female college students: Effects of parental conflict, decision-making, power and inconsistency of love. *Journal of Abnormal Psychology, 88*(4), 398-406.

SHAHAR, G., FORD, R. Q., & BLATT, S. J. (2003). Mixed anaclitic-introjective psychopathology in treatment-resistant inpatients undergoing psychoanalytic psychotherapy. *Psychoanalytic Psychology, 20*(1) 84-102.

SHEA, M. T., WIDIGER, T. A., & KLEIN, M. H. (1992). Comorbidity of personality disorders and depression: Implications for treatment. *Journal of Consulting and Clinical Psychology, 60*(6), 857-868.

SHERMAN, Y. (1995). Depressive personaliy disorder. *Journal of Clinical Psychiatry, 56*(6), 266.

SIEVER, L., & DAVIS, K. (1991). A psychobiologic perspective on the personality disorders. *American Journal of Psychiatry, 148*, 1647-1658.

SILVA, D. R., & CAMPOS, R. (1998). Alguns dados normativos do Inventário de Estado-Traço de Ansiedade – Forma Y (STAI-Y), de Spielberger, para a população portuguesa. *Revista Portuguesa de Psicologia, 33*, 71-89.

SILVA, D. R., CAMPOS, R., & PRAZERES, N. (1999). O Inventário de Estado-Traço de Raiva (STAXI) e a sua adaptação para a população portuguesa. *Revista Portuguesa de Psicologia, 34*, 55-81.

SIMONS, R. C. (1987). Psychoanalytic contributions to psychiatric nosology: Forms of masochistic behavior. *Journal of the American Psychoanalytic Association, 35*(3), 583-608.

SKODOL, A. E., STOUT, R. L., McGLASHAN, T. H., GRILO, C. M., GUNDERSON, J. G., SHEA, M. T., MOREY, L. C., ZANARINI, M. C., DYCK, I. R., & OLDHAM, J. M. (1999). Co-occurrence of mood and personality disorders: A report from the Collaborative Longitudinal Personality Disorders Study (CLPS). *Depression and Anxiety, 10*, 175-182.

SPIELBERGER, C. D. (1991). *State-Trait Anger Expression Inventory: Professional manual*. Odessa, FL: Psychological Assessment Resources.

SPIELBERGER, C. D. (1995). *State-Trait Depression Scales (Form X-1)*. Palo Alto: Mind Garden.

SPIELBERGER, C. D., CARRETERO-DIOS, H., SANTOS-ROIG, M., & BUELA-CASAL, G. (2002). Spanish experimental version of the State-Trait Depression Questionnaire (ST-Dep: Trait sub-scale (T-Dep). *International Journal of Clinical and Health Psychology, 2*(1), 51-69.

SPIELBERGER, C. D. et col. (1983). *State-Trait Anxiety Inventory STAI (Form Y)*. Palo Alto: Consulting Psychologists Press.

SPIELBERGER, C. D., & SYDEMAN, S. J. (1994). State-Trait Anxiety Inventory and State-Trait Anger Expression Inventory. In M. E. Maruish (Ed.), *The use of psychological testing for treatment planning and outcome assessment* (pp. 292-321). Hilsdale, NJ: Lawrence Eribaum Associates.

SPITZER, R., ENDICOTT, J., & ROBINS, E. (1978). Research diagnostic criteria: Rationale and reliability. *Archives of General Psychiatry, 35*, 773-782.

STEELE, R. E. (1978). Relationship of race, sex, social class, and social mobility to depression in normal adults. *Journal of Social Psychology, 104*(1), 37-47.

STETLER, C., DICKERSON, S. S., & MILLER, G. E. (2004). Uncoupling of social zeitgebers and diurnal cortisol secretion in clinical depression. *Psychoneuroendocrinology, 29*, 1250-1259.

STRAUMAN, T. J., & KOLDEN, G. G. (1997). The self in depression: Research trends and clinical implications. *In Session: Psychotherapy in Practice, 3*(3), 4-21.

TELLEGEN, A. (1993). Folk concepts and psychological concepts of personality and personality disorder. *Psychological Inquiry, 4*, 122-130.

THALBOURNE, M. A., & BASSETT, D. L. (1998). The Manic Depressiveness Scale: A preliminary effort at replication and extension. *Psychological Reports, 83*, 75-80.

THALBOURNE, M. A., DELIN, P. S., & BASSETT, D. L. (1994). An attempt to construct short scales measuring manic-depressive-like experience and behaviour. *British Journal of Clinical Psychology, 33*, 205-207.

THOMPSON, R., & ZUROFF, D. C. (1998). Dependent and self-critical mothers' responses to adolescent autonomy and competence. *Personality and Individual Differences, 24*(3), 311-324.

TRULL, T. J., WIDIGER, T. A., & GUTHRIE, P. (1990). Categorical versus dimensional status of border-line personality disorder. *Journal of Abnormal Psychology, 99*(1), 40-48.

TSUNO, N., BESSET, A., & RITCHIE, K. (2005). Sleep and depression. *Journal of Clinical Psychiatry, 66*, 1254-1269.

VREDENBURG, K., FLETT, G. L., & KRAMES, L. (1993). Analogue versus clinical depression: A critical reappraisal. *Psychological Bulletin, 113*(2), 327-344.

VREDENBURG, K., O'BRIEN, E., & KRAMES, L. (1998). Depression in college students: Personality and experiential factors. *Journal of Counseling Psychology, 35*(4), 419-425.

WEISSMAN, M., SHOLOMSKAS, D., POTTENGER, M., PRUSOFF, B., & LOCKE, B. (1977). Assessing depressive symptoms in five psychiatric populations: A validation study. *American Journal of Epidemiology, 106*, 203-214.

WIDIGER, T. A. (1992). Categorical versus dimensional classification: Implications from and for research. *Journal of Personality Disorders, 6*, 287-300.

WIDIGER, T. A. (1993). Personality and depression: Assessment issues. In M. H. Klein, D. J. Kupfer & M. T. Shea (Eds.), *Personality and depression: A current view* (pp. 77-118). New York: Guilford Press.

WIDIGER, T. A. (1999). Depressive personality traits and dysthymia: A commentary on Ryder and Bagby. *Journal of Personality Disorders, 13*(2), 135-141.

WIDIGER, T. A., & COSTA, P. T. (1994). Personality and personality disorders. *Journal of Abnormal Psychology, 103*(1), 78-91.

WIDIGER, T. A., & SHEA, T. (1991). Differentiation of axis I and axis II disorders. *Journal of Abnormal Psychology, 100*(3), 399-406.

WIDIGER, T. A., TRULL, T. S., CLARKIN, J. E., SANDERSON, C., & COSTA, P. T. (1994). A description of the DSM-III-R and DSM-IV personality disorders with the five factor model of personality. In P. T. Costa & T. A. Widiger (Eds.), *Personality disorders and the five- factor model of personality* (pp. 41-56). Washington, DC: American Psychological Association.

WIDIGER, T. A., VERHEUL, R., & BRINK, W. (1999). Personality and psychopathology. In L. A. Pervin & O. P. John (Eds.), *Handbook of personality: Theory and research* (2nd ed.) (pp. 347-366). New York: Guilford Press.

WILSON, A. (1988). Levels of depression and clinical assessment. In H. Lerner & P. Lerner (Eds.), *Primitive mental states and the Rorschach* (pp. 441-462). Madison: International Universities Press.

WILSON, G. T., & LINDHOLM, L. (1987). Bulimia nervosa and depression. *Journal of Eating Disorders, 6*(6), 725-732.

WINOKUR, G., ZIMMERMAN, M., & CADORET, R. (1988). Cause the bible tells me so. *Archives of General Psychiatry, 45*, 683-684.

WORLD HEALTH ORGANIZATION (1992). *International statistical classification of diseases and related health problems* (10th ed.). Geneva: WHO.

ZIMMERMAN, M., McGLINCHEY, J. B., POSTERNAK, M. A., FRIEDMAN, M., BOERESCU, D., & ATTIULLAH, N. (2005). Differences between minimally depressed patients who do and do not consider themselves to be in remission. *Journal of Clinical Psychiatry, 66*(9), 1134-1138.

ZUNG, W. W. (1965). A self-rating depression scale. *Archives of General Psychiatry, 12*, 63-70.

ZUROFF, D. C., IGREJA, I., & MONGRAIN, M. (1990). Dysfunctional attitudes, dependency, and self-criticism as predictors of depressive mood states: A 12-month longitudinal study. *Cognitive Therapy and Research, 14*(3), 315--326.

ZUROFF, D. C., MOSKOWITZ, D. S., WIELGUS, M. S., POWERS, T. A., & FRANKO D. L. (1983). Construct validation of the dependency and self-criticism scales of the Depressive Experiences Questionnaire. *Journal of Research in Personality, 17*, 226-241.

ZUROFF, D. C., QUINLAN, D. M., & BLATT, S. J. (1990). Psychometric properties of the Depressive Experiences Questionnaire in a college population. *Journal of Personality Assessment, 55*(1&2), 65-72.

ÍNDICE

Agradecimentos 7

Prefácio 9

Introdução 13

Capítulo I – Depressão: aspectos epidemiológicos, históricos, clínicos e sociais 17

1 – Breve resenha histórica – A melancolia da antiguidade ao século XX 20
2 – A perspectiva freudiana da depressão e a noção de afecto depressão 25
3 – A classificação das diferentes formas de depressão ao longo do século XX 31
4 – Depresão, acting-out, cultura e sociedade 39

Capítulo II – A personalidade depressiva 51

1 – Os clássicos da psiquiatria e a personalidade depressiva 51
2 – A perspectiva psicodinâmica.. 53
3 – O conceito de perturbação depressiva da personalidade.............. 59

Capítulo III – Dificuldades dos sistemas categoriais de diagnóstico na conceptualização da psicopatologia e da depressão 67

Capítulo IV – Personalidade e depressão 83

1 – Modelos de relação entre personalidade e depressão 83
    1.1 – Modelos patoplásticos e de exacerbação............................. 85
    1.2 – Modelos de predisposição, etiológicos ou de vulnerabilidade 87
    1.3 – Modelos de cicatriz ou de complicação 93
    1.4 – Modelos de causa comum e modelos de espectro ou sub--clínicos 94
2 – O conceito de depressão é indissociável do conceito de personalidade 100

194 *Depressivos somos nós*

Capítulo V – Modelos dimensionais da depressão 105

  1 – Continuidade versus descontinuidade da depressão 105
  2 – O modelo de Sidney Blatt sobre a depressão 108
  3 – Outros modelos dimensionais da depressão ou aplicados à depressão 116
  4 – O modelo de Coimbra de Matos sobre a depressão 120
    4.1 – Características gerais do modelo 120
    4.2 – Depressão falhada, depressão anaclítica e depressão introjectiva 125
    4.3 – Processos etiopatogénicos da depressão 128

**Capítulo VI – Uma proposta conceptual sobre a dimensão depressiva
da personalidade** 135

  1 – A unificação do conceito de personalidade depressiva 135
  2 – A dimensão ou espectro depressivo 136
  3 – A depressão-traço 136
  4 – Personalidade depressiva e depressão crónica (dificuldade em dis-
     criminar traço depressivo e sintoma depressivo crónico) 137
  5 – Avaliação diferencial do estado e do traço depressivos 138

Capítulo VII – Um estudo empírico 141

  1 – Objectivos e hipóteses de investigação 141
  2 – A construção de um instrumento para operacionalizar a dimensão
     depressiva da personalidade 143
  3 – Estudo I: Estudo com uma amostra de estudantes 147
    3.1 – Metodologia 147
    3.2 – Resultados 148
  4 – Estudo II: Estudo com uma amostra clínica psiquiátrica 154
    4.1 – Metodologia 154
    4.2 – Resultados 156
  5 – Estudo III: Estudo de teste-reteste 157
    5.1 – Metodologia 157
    5.2 – Resultados 158
  6 – Discussão 158

Conclusões 169

Bibliografia 171